채소 가득 이탈리아 가정식

맛있고 건강한 아까h의 제철 이탈리아 요리 교실

La Cucina

채소 가득 이탈리아 가정식
맛있고 건강한 아까h의 제철 이탈리아 요리 교실

Italiana

이현승 지음

delle verdure

Hans Media

Prologue

대학을 졸업하고 무작정 요리가 좋아서 시작한 요리사로서의
사회생활은 생각보다 쉽지 않았습니다. 그때는 마음도 열정도 아직
조금은 어리고 약했는지 힘든 주방 일을 견디는 와중에도 나에게 맞는
다른 길을 모색하기 위해 이것저것 많이 배우곤 했어요. 그러다가
10여 년 전 이탈리아로 훌쩍 떠나 요리 공부를 하게 되었고, 한국으로
돌아온 후에도 나만의 요리 철학과 스타일을 찾아 헤매는 유목민
생활이 이어졌습니다.
그러던 어느 날 운명처럼 '마르쉐@'를 만나게 되었어요. 농부, 요리사,
수공예가가 함께 만들어가는 파머스 마켓인 마르쉐에 참여하면서
다양한 농부님들의 작물을 만나게 되었고, 그 덕분에 지금까지와는
다른 새로운 요리에 대해, 재료에 대해 많은 공부와 깨달음을 얻게
되었습니다. 이를 계기로 지금까지 주변에 있었지만 잘 몰랐던 한국의
식재료와 다양한 채소에 관심을 가지면서, 자연의 식재료가 가진
매력을 이탈리아 요리를 통해 더 많은 분들에게 전달할 수 있다면
참 좋겠다는 생각을 했습니다. 요리를 일로 겪으며 즐거웠던 적이
그다지 많지 않았었는데 이러한 목표를 갖게 되면서 요리에도 점차 큰
재미를 느끼게 된 것 같아요. 작은 이탈리아 식당을 운영하는 동안에는
매 계절마다 새롭고 신기한 한국의 식재료와 채소를 만나며 신나게
레시피를 연구하고 요리를 했습니다. 이것이 내가 해야 하는, 나의
요리라는 확신이 들기 시작했죠.

이후 식당을 정리하고 본격적으로 요리 수업을 시작하면서 그동안 몰랐던 이탈리아 곳곳의 지역 요리나 고대 요리에 대해서도 공부하기 시작했어요. 그러면서 자연스럽게 이탈리아의 식재료들과 한국의 식재료가 의외로 많이 닮아 있단 사실을 깨달았습니다. 늦게나마 소박하고 멋진 이탈리아 전통 가정식의 가치에 눈을 뜨며, 이를 직접 탐구하고 배울 수 있는 기회를 갖는다는 것은 인생에서 정말 소중한 시간이었습니다.

이 책은 그동안 식당에서, 수업에서 제가 만났던 채소들과 직접 밭으로 나가 만났던 자연의 식재료를 활용해 만든 요리들을 엮은 책입니다. 제가 한국의 식재료로 이탈리아 요리를 할 때 지키는 원칙이 있어요. 국산 식재료를 충분히 활용하되 양념만은 이탈리아식을 고수한다는 것입니다. 한국의 양념을 써서 요리를 하다 보면 자칫 잘못된 방향의 퓨전 요리가 될 가능성이 있어 되도록 사용하지 않으려고 애쓰고 있어요. 채소가 가진 재료 자체의 맛을 최대한 살리되, 양념은 단순하게 하는 것이 맛있는 이탈리아 가정식의 비결이랍니다.

독자분들도 이 책에 실린 요리들을 하나씩 따라 만들어보며 익숙하고 강한 양념 맛에서 벗어나 조금 더 자연 그대로에 가까운 채소 본연의 맛을 듬뿍 느껴보시면 좋겠습니다. 제철 식재료를 요리를 통해 다양하게 소개하고, 채소를 더 맛있게 먹을 수 있는 유용한 이탈리아 요리의 팁도 가득 담았습니다. 몇 가지 메뉴는 조금 생소할 수도 있겠지만, 제가 그동안 즐겨 만들고 많은 손님들과 수강생들이 좋아했던 이 책의 요리들이 많은 분들에게 채소와 친해질 수 있는 좋은 계기를 만들어주었으면 하는 바람입니다. 소박하고 맛있는 이탈리아 가정식과 함께 계절의 맛을 오감으로 느끼며, 한국의 채소와 이탈리아 요리의 만남을 즐겁게 경험하고 맛보시기를 바랍니다.

Antipasti & Pane

Primi

Secondi

Dolci

차례

프롤로그 4

1장 기본 재료와 도구, 양념

재료
토마토와 토마토 가공품 20
허브 22
파스타 24
치즈 26
안초비 28
양념 & 향신료 30

도구 34

기본 육수와 양념
채수 40
조개 육수 40
당근 딥 42
가지 페스토 42
레몬 소금 44
마늘 페이스트 44
칼라브리안 버터 46
김 버터 46

에세이 이탈리아 음식 이야기 48

2장 전채와 빵

무 수프 60
토마토 브레드 수프 66
보리 샐러드 72
펜넬 오렌지 샐러드 78
배 & 아시아고 치즈 샐러드 84
참외 샐러드 90
봄나물 포카치아 94
타랄리 100
로마식 주먹밥 튀김 106
가리비 오븐구이 112
고추구이 118
크로스티니 2종
   안초비 크로스티니 124
   당근 딥 크로스티니 126

3장 파스타 & 리소토

배추 크림 파스타 132
봉골레 프레굴라 138
주키니 콘캬 파스타 144
콩 파스타 150
가지 파스타 156
연근 치킨 파케리 162
딱새우 라비올리 168
토마토 & 부라타 치즈 라자냐 176
리소토 프리마베라 182
시금치 관자 리소토 188
단호박 뇨키 194
아스파라거스 누디 202

4장 메인 요리

봄나물 소스와 돼지등심 스테이크 224
소고기 감자 스튜 230
맥주와 햇양파를 넣은 치킨 236
주키니 페스토와 한치구이 242
살사 베르데를 곁들인 새우구이 248
아쿠아 파짜 254
컬리플라워 구이 260
채소 갈레트 266
감자 치즈 케이크 272
마른 나물 로톨로 278

에세이 나를 키우는 시간, 농장 이야기 210

5장 디저트

배 리코타 치즈 케이크 288
살구 세미프레도 294
피치코티 302
초콜릿 살라미 308
나폴리식 감자 도넛 314

6장 사이드 메뉴

파프리카 절임 322
가지 절임 324
올리브 절임 326
리몬첼로 328

1장
기본 재료와 도구, 양념

Ingredienti di Base

재료

토마토와 토마토 가공품

토마토는 이탈리아 요리에서 결코 빠질 수 없는 중요한 식재료 중 하나입니다. 토마토가 이탈리아어로 '황금 사과(Pomo d'oro)'라고 불리는 것만 보아도 알 수 있지요. 신선한 생토마토부터 토마토 가공품까지 이탈리아 요리에 두루 사용되는 토마토의 종류를 소개합니다.

1 토마토 펠라티

껍질을 벗겨놓은 토마토를 그대로 담아 가공한 제품이다. 이탈리아에서 가장 널리 쓰이는 산마르자노 품종 토마토 외에도 다양한 품종의 토마토를 활용한 제품이 있다. 으깨서 소스를 만들 때 자주 사용한다.

2 토마토 폴파

토마토 펠라티를 다져놓은 것으로, 대부분 병조림이나 통조림 형태로 판매된다. 주로 소스를 만들 때 사용한다.

3 토마토 파사타

으깬 토마토를 고운 체에 걸러 만든 퓌레로, 씨나 과육이 없고 고운 주스 형태이다. 수프나 고운 소스를 만들 때 사용한다.

4 선드라이드 토마토

토마토를 햇볕에 말린 제품이다. 건조된 그대로 팔기도 하고, 오일에 담긴 형태로 판매되기도 한다. 샌드위치나 소스, 드레싱, 페스토 등에 다양하게 활용된다.

5 토마토 페이스트

토마토소스를 말려 수분을 없애 만들거나, 또는 토마토를 말려서 만들기도 한다. 토마토 페이스트가 있으면 진한 토마토 맛을 내는 데 요긴하다.

허브

이탈리아 미식에서 중요한 재료 중 하나는 바로 텃밭에서 갓 따온 허브가 아닐까 합니다.
적절하게 사용된 허브의 아로마가 빠진 이탈리아 요리는 상상하기 어려울 정도지요.
다양한 허브를 알고 적절히 사용하면 음식의 풍미를 한층 더 끌어올릴 수 있습니다.

1 바질 가장 유명한 이탈리아 허브 중 하나로 다양한 요리에 두루두루 활용할 수 있는 허브다. 바질은 열기나 냉기에 약해 오래 보관하기 어려워 그때그때 따서 쓰는 것이 가장 좋다. 주방에 바질 화분을 하나 두고 활용하는 것도 추천한다.

2 오레가노 오레가노는 지중해 지역에서 많이 사용하는 허브로, 가장 많이 알려진 활용법은 토마토소스를 만들 때 사용하는 것이다. 그 외에도 해산물이나 생선 등의 요리에도 많이 사용된다.

3 로즈마리 로즈마리는 맵고 쓴맛이 나며, 주로 말린 상태로 쓴다. 양고기 등 냄새가 진한 고기류의 요리에 많이 사용되며 그 외에도 다양한 야채 요리에 활용된다.

4 세이지 세이지는 특유의 강하고 상쾌한 향이 고기 요리와 특히 잘 어울리며, 디저트에도 잘 어울리는 허브다.

5 딜 펜넬 잎과 흡사하게 생긴 딜은 감귤류의 시원한 향과 감초 향, 단맛을 지닌다. 펜넬 잎에 비해 향이 부드러우므로 샐러드나 소스, 버터 같은 재료와 함께 사용된다.

6 고수 레몬 맛과 약간의 후추 향, 매운맛이 느껴지는 고수는 주로 동남아, 인도, 남미 요리에 많이 사용되는 허브다. 현재는 유럽 외의 다른 나라에서도 많이 재배되며 널리 사랑받고 있다.

7 타임 상쾌하고 향기로운 향의 타임은 고기나 야채 요리 어디에나 잘 어울리는 허브다.

8 펜넬 잎 딜과는 다르게 좀 더 진한 색을 띠며 감초 향이 강하다. 펜넬의 잎 부분을 따서 활용하며, 특히 생선류의 요리와 잘 어울린다.

9 차이브 부드러운 맛이 나는 부추과의 차이브는 적당한 매운맛을 가지고 있어 생으로 먹기에 좋다. 차이브의 꽃은 식용은 물론 장식용으로도 많이 애용된다.

10 이탈리안 파슬리 이탈리아 요리에 가장 많이 사용되는 허브로, 말린 것보다는 생파슬리가 향이 더 좋다. 수프, 파스타, 소스 등 다양한 요리에 활용된다.

11 스피아 민트 섬세하게 달콤한 맛이 나는 민트로 다른 민트에 비해 멘톨 성분이 거의 없는 민트다. 은은하게 매운맛을 가지고 있어 요리에 가볍게 사용할 수 있다.

12 토종 박하 상쾌함과 매운맛을 가진 박하는 개성이 강한 민트 중 하나다. 향을 돋우는 요리에 소량 넣어 맛을 낼 수 있고, 채소나 고기, 디저트 등의 요리와도 잘 어울린다.

13 달래 작은 마늘이라 불리는 달래는 매운맛이 강하고 향이 좋은, 봄을 대표하는 나물이다. 줄기가 진한 녹색이면서 비늘 줄기가 매끄럽고 둥글며 큰 것이 좋다.

파스타

이탈리아의 대표적인 면으로 경질밀인 세몰리나로 만든 건면과 생면, 연질밀과 달걀을 넣어 만든 건면과 생면 등 수백 가지의 모양과 종류가 있습니다. 소스에 따라 또는 지역에 따라 선호하는 모양도 달라지니 여러 가지 파스타를 접하면서 하나씩 즐겨보시길 바랍니다. 여기서는 이 책에서 주로 쓰인 파스타를 소개합니다.

1 링귀네
스파게티보다 약간 넓적하고 평평한 형태를 지닌, 북부 지역의 파스타. 스파게티면과 혼용해서 사용 가능하나 소스가 더 잘 묻는다는 장점이 있다.

2 파케리
캄파니아 지역에서 유래된, 매우 큰 튜브 모양의 파스타. 크림소스나 걸쭉한 소스 요리, 또는 속을 채워 만든 오븐 파스타 요리에 많이 사용된다.

3 리가토니
짧은 원통형에 골이 파인 형태의 파스타로, 주로 중북부 지역에서 즐겨 먹는다. 라구 소스처럼 걸쭉한 소스들과 잘 어울리는 편이다.

4 프레골라
작은 알갱이 모양으로, 쿠스쿠스의 한 종류다. 일반적인 쿠스쿠스보다 큰 사이즈로 구워져 판매된다. 이탈리아 샤르데냐 지역이 원산지이며 '프레굴라', '이스라엘 쿠스쿠스'라고도 불린다.

5 라자냐
넓적한 면의 파스타로 주로 라자냐를 만들거나 잘라 사용하기도 한다. 라자냐는 파스타 이름이기도 하지만 요리 이름이기도 하다.

6 세몰리나(파스타 밀가루)
파스타를 만들 때 쓰이는 주원료로, 경질밀에 해당한다. 글루텐 함유량이 높아 다양한 모양의 파스타를 만들기 편리하다.

치즈

치즈는 이탈리아 요리에 감칠맛을 내주는 재료로, 이탈리아에서는 북부에서 남부까지 다양한 치즈가 존재합니다. 이 책에 실린 요리에도 대부분 이탈리아산 치즈를 사용하였습니다.

1 파르미지아노 레지아노 파르마 지역을 포함해 오로지 5개 지역에서만 나는 경성 치즈로, 원산지 보호법에 의해 보호되는 치즈다. 이 5개 지역에서 나는 치즈만 '파르미지아노 레지아노'라는 이름을 붙일 수 있다. 오직 건초와 풀을 먹인 소에서 나온 우유를 사용해 만들며, 최소 12개월간 숙성하여 풍미가 좋다.

2 그라나 파다노 파르마 외 33개 지역에서 나는 소젖 치즈로, 최소 9개월간 숙성을 해서 만든다. 사일리지 사료를 먹인 소에서 나온 우유를 사용해 만들며, 파르미지아노 레지아노 치즈에 비해 가격이 저렴하여 대체품으로 많이 사용된다.

3 페코리노 양젖으로 만든 치즈로, 원산지 보호를 받는 치즈 중 하나다. 페코리노는 이탈리아 내의 총 4개 지역에서 생산되며, 대표적으로 가장 잘 알려진 것이 바로 '페코리노 로마노'다. 그 외에는 샤르데냐섬의 페코리노 치즈가 유명하다. 숙성 기간에 따라 경성과 반경성 형태로 나뉘며, 양젖 특유의 풍미에 견과류의 고소한 맛도 느낄 수 있다. 파스타, 감자 요리에 많이 사용된다.

4 페타 염소젖이나 양젖으로 만드는 부드러운 형태의 치즈로, 짠맛이 강한 그리스 치즈다.

5 아시아고 이탈리아 북부 베네토와 트렌티노 지역에서 생산되는 소젖 치즈로, 단맛과 신맛, 버터리한 맛을 가지고 있다. 샐러드, 샌드위치, 파스타 등에 활용된다.

6 스카모르차 이탈리아 남부 지역의 치즈로 소나 양의 젖으로 만든다. 모차렐라와 비슷한 과정을 거쳐 만들지만 스카모르차는 호리병 형태로 묶어서 만든다. 훈제 스카모르차와 일반 스카모르차 2가지 형태로 판매되며, 모차렐라보다 잘 녹는 편이라 굽거나 녹이는 형태의 요리에 많이 사용된다.

7 리코타 치즈를 만들고 남은 유청을 다시 끓여 만든 치즈로, '리코타'는 다시 끓였다는 뜻이다. 집에서 만드는 홈메이드 리코타와는 전혀 다른 개념이다. 지방이 많지 않은 담백한 맛의 리코타는 샐러드, 파스타, 디저트 등에 다양하게 활용되며, 이탈리아를 대표하는 치즈다.

8 모차렐라 남부 이탈리아 지역에서 만든 생치즈. 물소젖으로 만든 부팔라 모차렐라가 전통적이지만, 흔히 볼 수 있는 모차렐라는 대부분 소젖으로 만들어진다. 나폴리 지역에서 생산되는 모차렐라의 품질이 우수하며 그중에서도 단연 부팔라 모차렐라가 풍미가 깊고 좋다.

9 부라타 부라타는 모차렐라를 만들 때 안에 크림을 함께 넣어 만든 생치즈이다. 이탈리아 남부 풀리아 지역의 부라타가 유명하며, 크리미하고 버터리한 느낌의 모차렐라라고 볼 수 있다.

10 고르곤졸라 중세 시대부터 생산된 오래된 치즈 중 하나로, 과거에는 원산지 보호법에 따라 이탈리아에서 나는 치즈만을 '고르곤졸라'로 부를 수 있었다. 그러나 최근에는 여러 나라에서 고르곤졸라의 이름을 사용하여 치즈를 생산하고 있다. 숙성 시간에 따라 돌체와 피칸테로 나뉘며, 크리미하고 톡 쏘는 맛이 특징이다. 샐러드, 파스타, 다양한 치즈 요리에 사용된다.

11 브리 프랑스 브리 지역의 부드러운 소젖 치즈이다. 비교적 부드럽고 순한 맛을 가지고 있어 그대로 먹어도 좋지만, 다른 재료와 함께 조리되는 요리에도 많이 사용된다.

12 프로볼로네 이탈리아 남부에서 생산되기 시작했으나 현재는 롬바르디아와 베네토 지역 북부에서 주로 생산되는 반경성 소젖 치즈이다. 부드럽고 크리미하며, 고소한 견과류 풍미를 가지고 있다. 샌드위치나 다양한 요리에 두루 활용되는 치즈다.

안초비

작은 정어리를 염장해 놓은 제품으로 소금 염장한 그대로 판매되는 것도 있고, 오일에 담겨 유통되거나 다양한 맛이 추가되어 판매되는 것도 있습니다. 빵이나 비스킷 위에 그대로 얹어 먹기도 하며 간을 맞추거나 감칠맛을 내주는 재료로 다양한 요리에 사용됩니다. 단, 가공제품은 짠맛이 강하니 요리에 사용 시 주의하세요.

양념 & 향신료

이 책에서 사용한 여러 가지 양념과 향신료를 소개합니다.

1 올리브오일
이탈리아에서는 산도 0.8% 이하의 올리브오일만을 엑스트라 버진 올리브오일로 등급을 매긴다. 지역에 따라, 또는 올리브의 품종에 따라 가볍고 산미가 있는 맛부터 푸릇하며 부드러운 맛, 톡 쏘는 알싸한 맛 등 다양한 올리브오일의 맛을 느낄 수 있다. 해산물이나 육류, 샐러드 등 요리에 따라 취향에 맞는 다양한 맛의 올리브오일을 활용해보자.

2 샴페인 비니거
샴페인으로 만든 비니거로, 일반적인 화이트와인 비니거에 비해 섬세하고 강하지 않은 신맛을 가지고 있다.

3 셰리 비니거
스페인의 셰리 와인을 활용해 만든 비니거로, 복합적이고 부드러운 산미를 낸다. 샐러드부터 고기나 생선 요리까지 다양하게 사용할 수 있다.

4 화이트 발사믹 비니거
발사믹 비니거를 만들 때보다 아주 짧게 숙성하여 색을 내지 않고 만드는 발사믹 비니거다. 발사믹 비니거보다 조금 더 순한 맛을 원할 때 사용한다.

5 발사믹 비니거
11세기부터 에밀리아 로마냐 지역에서 만들어진 발효식초인 발사믹 비니거는, 과거에 약용(12년 이상 발효)으로 사용하던 것이 현대에 와서 상업용으로 개량된 것이다. 최근에는 캐러멜색소나 와인이 첨가된 대중적인 발사믹 비니거가 대량 생산되고 있다. 발사믹 비니거를 고를 때는 표기 사항에 캐러멜색소가 첨가되지 않은 것을 고르는 것이 좋다.

6 스모크 파프리카
파프리카 파우더는 우리가 알고 있는 샐러드용 파프리카가 아닌, 핫칠리 페퍼, 카이엔 페퍼, 포블라노 페퍼, 알레포 페퍼, 스위트 페퍼 등을 섞어서 갈아 만든 향신료다. 유럽뿐 아니라 전 세계에서 활용되는 향신료로 매콤하면서 달고 부드러운 향이 특징이다. 스모크 파프리카는 여기에 훈제한 향이 첨가되어, 더 진한 페퍼 향이 바비큐 고기와 잘 어울린다.

7 샤프란
샤프란 꽃의 암술대를 건조시켜 만든 것으로 부서지지 않은 모양 그대로 있는 것이 양질의 상품이다. 따뜻한 물에 불려 소량만 사용하며, 요리에 색감과 풍미를 준다.

8 펜넬 씨
이탈리아의 국민 채소인 펜넬의 씨앗이다. 차로도 마시는 펜넬 씨는 화한 향과 단맛이 있고 독특한 풍미를 가진다. 고기나 생선 요리에 널리 쓰인다.

9 월계수 잎
생잎 또는 마른 잎을 사용하며 비린내나 잡내를 잡아주는 대표적인 향신료다. 고기나 생선, 야채 요리에 두루 사용한다.

10 페페론치노
작은 카이엔 고추 품종으로, 이탈리아의 남부 칼라브리아 지역에서 많이 사용하는 고추다. 보통 중간 정도의 매운맛을 내며, 다양한 요리에 사용된다. 흔히 건조된 페페론치노를 사용하지만, 이탈리아 현지에서는 생으로도 많이 사용한다.

11 넛맥
육두구로 불리는 향신료로 고기, 달걀, 유제품의 비린 맛을 잡아주는 역할을 한다.

12 스타 아니스
'팔각'이라고도 불리며, 미나릿과에 속하는 허브로 감초, 회향, 정향과 비슷하며 따뜻한 단맛, 독특한 매운맛을 가지고 있다. 원산지가 중국이니만큼 아시아 요리에 가장 널리 사용되지만, 유럽 지역의 요리에서도 많이 찾아볼 수 있는 향신료다. 디저트나 술 등에 많이 활용한다.

도구

이 책의 요리들을 조리할 때 도움을 주는 도구들과 자주 사용하는 도구들을 소개합니다.

1 계량컵과 계량스푼
식재료의 부피를 잴 때, 액상용 재료를 잴 때 사용한다. 이 책에서는 1컵은 200ml, 1TS은 15ml, 1ts은 5ml를 기준으로 하였다.

2 거품기
날이 가늘고 많은 것이 거품 내기에 좋으며, 재료들이 잘 섞인다.

3 돌절구
소량의 마늘이나 소스, 향신료 등을 빻아 쓸 때 사용한다.

4 핸드믹서
식재료의 거품을 낼 때 손쉽게 도와주는 자동 조리기구다.

5 프라이팬
코팅용 팬은 사용하기 편리하나 사용 기간이 1년 내외로 짧고, 스테인리스 프라이팬은 오래 쓸 수 있으나 사용법이 어렵다는 단점이 있다. 하지만 스테인리스 팬의 경우 충분히 열을 준 후 사용하면 편리하게 오래 사용할 수 있다. 팬은 두껍고 열전도율이 골고루 되는 것을 고르는 것이 좋다.

6 냄비
주로 스테인리스 소재의 냄비를 사용한다. 너무 얇은 제품보다는 전체적으로 두꺼운 것이 열 유지에 좋다. 소스를 끓이거나 파스타를 삶을 때도 열 유지가 잘되는 제품을 사용하는 것이 좋다.

7 나무 도마
주로 채소나 물기 없는 재료들을 썰 때 사용한다. 햇빛보다는 그늘에서 말리도록 하고, 정기적으로 오일을 발라주는 것이 좋다.

8 치즈 그레이터
치즈를 갈 때 쓰는 도구로, 입자의 굵기를 조절할 수 있어 편리하다.

9 제스터 또는 치즈 그레이터
치즈나 레몬 껍질을 갈기 좋은 도구다.

10 조리용 붓
오일이나 소스 등을 골고루 바를 때 사용한다.

11 조리용 집게
뜨거운 열이 신체에 직접 닿지 않아 조리 과정에서 유용하게 쓰인다.

12 조리용 나무 주걱 & 나무 스푼
그릇이나 팬이 긁히지 않아 볶거나 섞을 때 유용하게 사용된다. 사용할수록 세월의 색이 덧입혀지는 매력도 있다.

13 스패츌라
액체류의 재료들을 볼이나 냄비에서 깔끔하게 덜어낼 때 사용한다. 끝이 잘 휘어지는 것을 선택하는 것이 좋다.

14 바트
준비한 재료들을 담아두거나, 그대로 오븐에 넣어 구울 때도 활용 가능한 스테인리스 그릇이다.

15 스퀴저
레몬즙을 짜는 도구.

16 뇨키판
주로 나무로 만들어지며, 가는 골지 모양을 따라 반죽을 밀어내면 반죽에 빗살무늬가 남는다. 가르가넬리 파스타를 만들 때도 활용한다.

17 밀대
반죽을 골고루 펴주는 역할을 한다. 가늘고 긴 형태의 밀대가 다양한 반죽을 다루기에 좋다.

18 라비올리 커터 휠
라비올리를 자를 때 사용하거나 면 반죽을 재단할 때 사용한다.

19 원형 틀
라비올리 모양을 만들거나 쿠키 모양을 만들 때 사용한다.

20 파스타 머신
밀대로 밀지 못하는 얇은 두께까지 반죽을 밀 수 있어 유용하다. 생파스타 면을 만들 때 주로 쓴다.

21 코르제티 틀
주로 원형 파스타인 코르제티(Corzetti)를 만들 때 쓴다. 라비올리의 모양을 낼 때도 사용한다.

채수

조개 육수

기본 육수와 양념

채수(Vegetable stock)

이 책에서는 향신 채소 및 자투리 채소를 넣은 채수를 육수 대신 다양하게 활용했습니다. 미리 만들어두고 소분해 냉동해두면 편하게 언제든 사용할 수 있어요.

(완성 분량 약 1L)

재료   물 2L, 양파 1개, 샐러리 1대, 당근 1/2개
부재료   자투리 채소, 토마토, 월계수잎, 통후추 등

1. 찬물에 모든 재료를 넣고 10분 이상 팔팔 끓여준다.
2. 한 번 끓어오르면 아주 약한 불에서 최소 30분 이상 끓여 채소의 맛을 뽑아낸다.
3. 채수를 사용할 메뉴에 따라 부재료인 자투리 채소를 다르게 배합하여 사용한다. 너무 진한 향의 자투리 채소는 채수의 맛을 해칠 수 있으므로 요리에 따라 빼주는 것이 좋다.

조개 육수(Clam stock)

해산물이 들어간 요리나 생선 요리에 다양하게 사용할 수 있는 조개 육수입니다. 감칠맛이 뛰어나 요리를 더 맛있게 만들어줍니다.

(완성 분량 약 1.2L)

재료   바지락 500g, 물 2L, 양파 1/2개, 마늘 3~4쪽, 파슬리 4~5줄기, 샐러리 1~2줄기, 통후추 5알, 월계수 잎 1장, 페페론치노 2개

1. 바지락을 옅은 3% 소금물(물 1L 기준 약 소금 30g)에 담그고, 실온에서 신문지 등을 덮어 어둡게 한다. 이대로 3시간 이상 해감한다.
2. 해감한 바지락을 건져 소금으로 바락바락 씻어서 불순물을 제거한다. 바지락을 찬물에 헹구고 냄비에 담는다.
3. 준비한 육수 재료를 모두 냄비에 넣고 찬물에서 끓인다.
4. 바지락이 입을 벌리면 약불로 줄이고 거품을 걷어내 가면서 약 30~40분간 끓인다.
5. 완성된 육수는 면보에 걸러 건더기는 버리고 육수만 사용한다.

당근 딥
(Carot dip)

햇당근이 나오는 시기에 당근을 구우면 단맛이 더 강해지면서 맛있어져요. 당근을 갈아서 다른 야채나 고기에 곁들이는 딥으로 만들면 활용도가 높습니다.

(완성 분량 200g)

재료 당근 300g, 마늘 2톨, 레몬즙 약간, 올리브오일 50~60ml, 소금, 후추 약간

1. 당근을 5cm 길이로 잘라 볼에 담는다.
2. 마늘에 소금, 후추, 올리브오일 30ml를 넣고 가볍게 묻혀준다.
3. 오븐용 그릇에 당근과 마늘을 넣고 200도로 예열된 오븐에서 약 25~30분간 굽는다. 이때 마늘은 오븐에 넣은 지 약 10~15분이 지나면 먼저 빼낸다.
4. 갈색이 나도록 구워진 당근과 마늘, 레몬즙, 올리브오일 20ml를 믹서에 넣고 곱게 갈아준다. 맛을 보고 소금, 후추 간을 한다.
5. 소독한 병에 완성된 딥을 담고 맨 위쪽에 남은 올리브오일을 덮어 채워준다.

가지 페스토
(Pesto di melanzane)

구운 가지로 만든 페스토예요. 아랍의 가지 소스인 바바 가누쉬보다 맛이 진하고 파스타, 샌드위치 등 다양하게 활용하기 좋습니다.

(완성 분량 200g)

재료 가지 350g, 민트 또는 바질 5g, 잣 15g, 마늘 2~3톨, 소금, 후추, 올리브오일 100ml

1. 가지는 꼭지를 따고 길게 세로로 잘라 볼에 담은 다음 소금, 올리브오일 50ml를 골고루 뿌린다.
2. 오븐용 그릇에 가지를 담고 200도로 예열된 오븐에서 약 20분간 굽는다.
3. 잣과 마늘은 오븐에서 약 5분간 굽는다.
4. 모든 재료를 블렌더에 담고 갈아준다.
5. 완성된 페스토를 소독한 병에 담고 맨 위쪽에 남은 올리브오일 50ml를 덮어 채워준다.

레몬 소금
(Preserved Lemon)

지중해식 양념인 레몬 소금은 이탈리아에서 즐겨 사용하는 양념 중 하나입니다. 고기나 생선을 마리네이드하거나 드레싱 등을 만들 때 소금 대신 사용하면 감칠맛과 레몬의 상큼한 풍미를 동시에 낼 수 있어요.

> **재료**　　레몬 1kg, 굵은 또는 가는 천일염 170g(레몬 양의 17%), 레몬즙 적당량

1. 레몬 껍질을 깨끗하게 씻어준다. 껍질을 베이킹소다로 한 번 닦고, 가는 소금으로 겉을 문질러서 한 번 더 닦아 사용한다.
2. 세척한 레몬을 세로로 4등분하여 길게 칼집을 낸다. 중간중간 보이는 씨는 칼끝으로 제거한다.
3. 준비한 소금을 칼집 낸 레몬 속에 채운다.
4. 소독한 병에 레몬을 하나씩 넣고, 최대한 꾹꾹 눌러 담아준다.
5. 레몬을 채우고 남은 부분은 레몬즙을 붓는다. 레몬이 있는 곳까지 자박하게 채운다.
6. 레몬이 담긴 병을 그늘지고 서늘한 곳(실온)에 보관한다. 절인 레몬은 3~4개월 후부터 사용 가능하다.
7. 요리에 사용할 때는 레몬을 통째로 꺼내 씨를 제거한 뒤 갈아서 쓴다. 완성된 레몬 소금은 1년 내내 조미료처럼 사용이 가능하다.

마늘 페이스트
(Garlic Paste)

다진 마늘의 서양식 버전이라고 할 수 있는 페이스트입니다. 부드러운 마늘 향이 요리의 맛을 돋워주지요.

> **(완성 분량 340g)**
>
> **재료**　　마늘 200g, 올리브오일 100ml, 포도씨유 100ml

1. 오븐용 그릇에 마늘과 모든 오일을 섞어서 담고 뚜껑을 닫은 다음 120도 오븐에서 약 1~2시간 동안 가열한다.
2. 마늘이 부드럽게 익으면, 마늘과 함께 익힌 오일을 100ml 정도 덜어낸 다음 곱게 갈아준다.
3. 완성된 페이스트를 소독한 병에 담고 맨 위쪽에 덜어낸 오일을 덮어 채운다. 최대 1달까지 냉장 보관이 가능하다.

칼라브리안 버터
(Calabrian butter)

이탈리아 남부의 매운맛을 느낄 수 있는 버터입니다. 다양한 해산물 또는 고기 요리, 파스타에 매운맛을 추가할 때 사용하면 좋습니다. 매운맛을 더하려면 재료의 청양 고춧가루나 파프리카 파우더의 양을 조절해서 만들어보세요.

> **(완성 분량 약 300g)**
>
> 재료   실온 상태의 무염 버터 200g, 마늘 페이스트 40g,
> 다진 샬롯 40g, 고운 청양 고춧가루 20g,
> 다진 이탈리안 파슬리 5g, 다진 오레가노 5g,
> 스모크 파프리카 파우더 1ts, 레몬 제스트 1/4개 분량,
> 올리브오일, 소금 약간

1. 프라이팬에 올리브오일을 두르고 다진 샬롯을 투명하게 될 정도로 살짝 볶아준다. 볶은 샬롯은 완전히 식힌다.
2. 실온 상태의 부드러운 버터를 볼에 담아 부드럽게 휘핑한다.
3. 버터가 뽀얗게 되면 식혀둔 샬롯과 나머지 재료들을 모두 넣고 잘 섞는다.
4. 완성된 버터를 종이 호일에 올리고 공기가 들어가지 않도록 단단하게 돌돌 말아준다. 냉장고에서 2주, 냉동실에서 최대 2달까지 보관이 가능하다.

김 버터
(Seaweed butter)

김의 감칠맛이 매력적인 버터로, 해산물이나 채소 요리에 두루 활용할 수 있습니다.

> **(완성 분량 200g)**
>
> 재료   실온 상태의 무염 버터 200g, 곱창김 2장, 간장 10g, 후추, 소금 약간, 포도씨유 1g

1. 곱창김은 불에 앞뒤로 살짝 구워 식힌 후 잘게 잘라준다.
2. 잘린 김을 그릇에 담고 오일과 간장을 묻혀서 적셔 놓는다.
3. 실온 상태의 부드러운 버터를 볼에 담아 부드럽게 휘핑한다.
4. 버터가 뽀얗게 되면 김과 소금, 후추를 넣고 잘 섞어준다.
5. 완성된 버터를 종이 호일에 올리고 공기가 들어가지 않도록 단단하게 돌돌 말아준다. 냉장고에서 2주, 냉동실에서 최대 2달까지 보관이 가능하다.

이탈리아 음식 이야기

La Storia del cibo Italiano

이탈리아의 음식 문화는 정말 다채롭고 풍요롭습니다. 그도 그럴 것이 고대 로마에서부터 내려온 요리와 전통을 가진 나라거든요. 이탈리아에서는 지역, 그리고 가정마다 천차만별의 레시피와 요리들이 존재합니다. 그래서 이탈리아에서 공부를 했거나 심지어 이탈리아인이라 할지라도 자기 지역 외의 요리에는 문외한인 경우가 꽤 많습니다. 이탈리아는 지역마다 방언이 뚜렷하게 존재할 정도로 큰 나라이다 보니, 지리적 또는 역사적으로 나타나는 지역 특색도 강합니다.

이탈리아 요리의 지역적 특징

이탈리아 북부는 알프스산맥에 인접하여 다른 유럽 국가들의 영향을 많이 받은 지역입니다. 서구 유럽에 가까운 기후와 지리적인 특성으로 대표적인 식재료들도 각종 유제품(버터나 치즈 등), 고기 같은 것들이 많고, 버섯, 잣, 밤, 초콜릿, 기다란 면, 속을 채운 파스타 등이 발달했습니다. 추운 기후를 나기 위해 묵직하고 속이 꽉 찬 요리들이 즐비하며, 근접한 유럽 국가의 영향을 받은 요리들과 섬세하고도 고급스러운 요리들을 만날 수 있습니다.

볼로냐, 피렌체, 로마 등의 유명한 도시가 있는 이탈리아 중부는 굉장한 미식의 지역입니다. 소, 돼지, 닭뿐 아니라 토끼, 멧돼지, 꿩, 비둘기 등 다양한 고기 요리를 만나볼 수 있고, 살루미 등의 다양한 샤르퀴트리, 고기 내장을 이용한 요리도 발달했습니다. 이에 따라 자연스럽게 버터나 라드(돼지기름)를 즐겨 쓰고, 달걀이 풍부한 지역이므로 달걀을 넣은 탈리아텔레 같은 생면 파스타도 유명하지요. 토르텔리니처럼 고기를 넣어 속을 채운 파스타, 토마토나 콩을 이용한 요리들도 많습니다. 식재료가 풍부한 지역이다 보니 고급스러운 요리부터 서민 요리까지 다양한 스타일의 이탈리아 요리를 만날 수 있는 곳입니다.

이탈리아 남부는 따뜻한 지중해성 기후와 천혜의 자연환경으로
다채로운 식재료가 풍성한 지역입니다. 그래서 요리 역시 가벼우면서도
식재료의 풍미를 그대로 살린 메뉴들이 많습니다. 토마토나 올리브,
오렌지, 레몬 등 다양한 과일과 해산물을 활용한 요리는 물론이고 짧은
면의 파스타, 다양한 디저트도 만나볼 수 있습니다. 이탈리아 남부는
역사적으로 이집트의 지배를 받았으며 아랍의 문화도 일부 남아 있는
곳이기에 이탈리아 문화 안의 아랍풍 음식을 만나볼 수 있는 곳이기도
합니다. 이러한 국제적 특성이 제가 특별히 이탈리아 남부의 음식
문화에 흥미를 갖게 된 계기이기도 합니다.
이탈리아 요리는 얼핏 비슷해 보여도 사실 지역에 따라, 가정에
따라 만드는 방법이나 레시피가 다릅니다. 예를 들어 이탈리아
중북부 지역에서 만드는 파스타인 탈리아텔레(Tagliatelle)와 남부의
페투치네(Fettucine)는 겉보기에는 모양에 큰 차이가 없는 듯하지만,
달걀을 넣어 만드는 중북부의 탈리아텔레가 주로 생면으로 쓰는 것에
비해 달걀 없이 세몰리나 100%로 만드는 남부의 페투치네는 주로
건면으로 유통됩니다. 이탈리아에는 이렇게 모양은 비슷해도 지역에
따라 조금씩 식재료의 특징이 다른 경우가 꽤 있답니다.

이러한 지역적인 특성을 살피다 보면 이탈리아에서 생산되는
식재료들이 의외로 한국의 식재료들과 비슷하다는 것도 알 수 있습니다.
예를 들어 이탈리아는 중국과 한국 다음으로 밤을 많이 생산하는
나라입니다. 그래서 밤을 이용한 다양한 요리와 디저트가 있지요.
지방에 따라서는 민들레나 산마늘, 고사리, 우엉 등 한국과 비슷한
풀들이 자라는 것도 볼 수 있습니다. 이탈리아는 예로부터 일상에
쓰는 약초들을 중요하게 다루어 왔고, 우리나라와 비슷하게 산이 많은
나라이기에 의외로 비슷한 작물들이 꽤 존재한답니다.

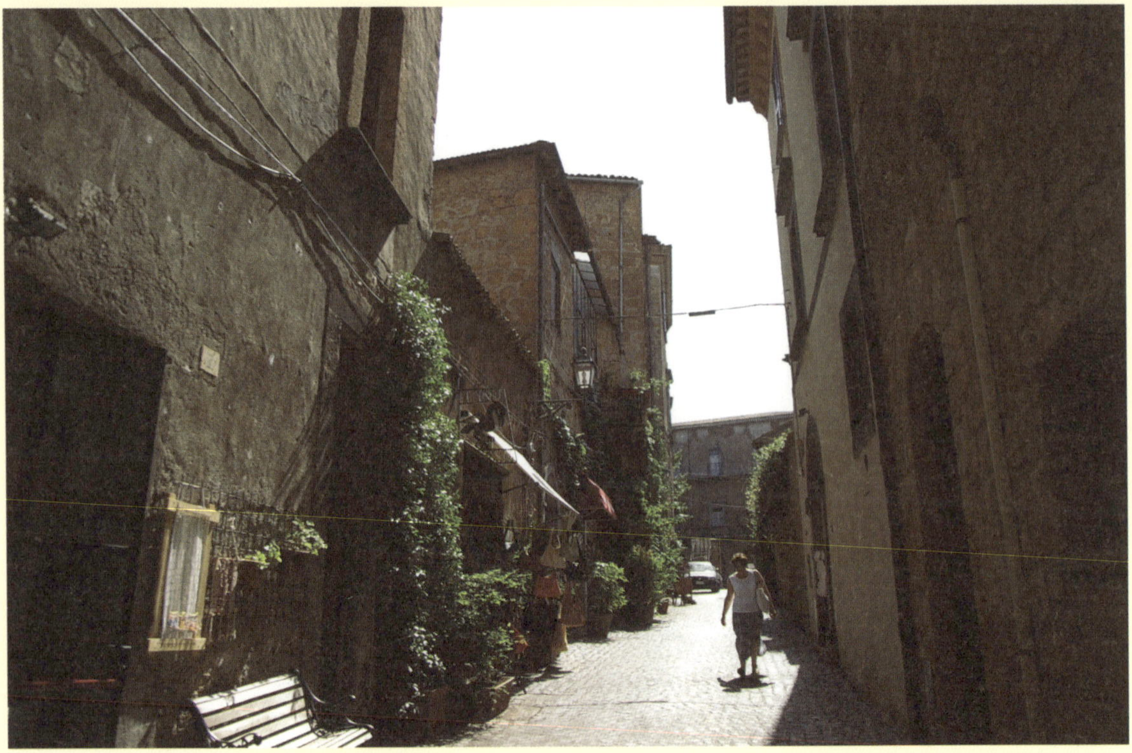

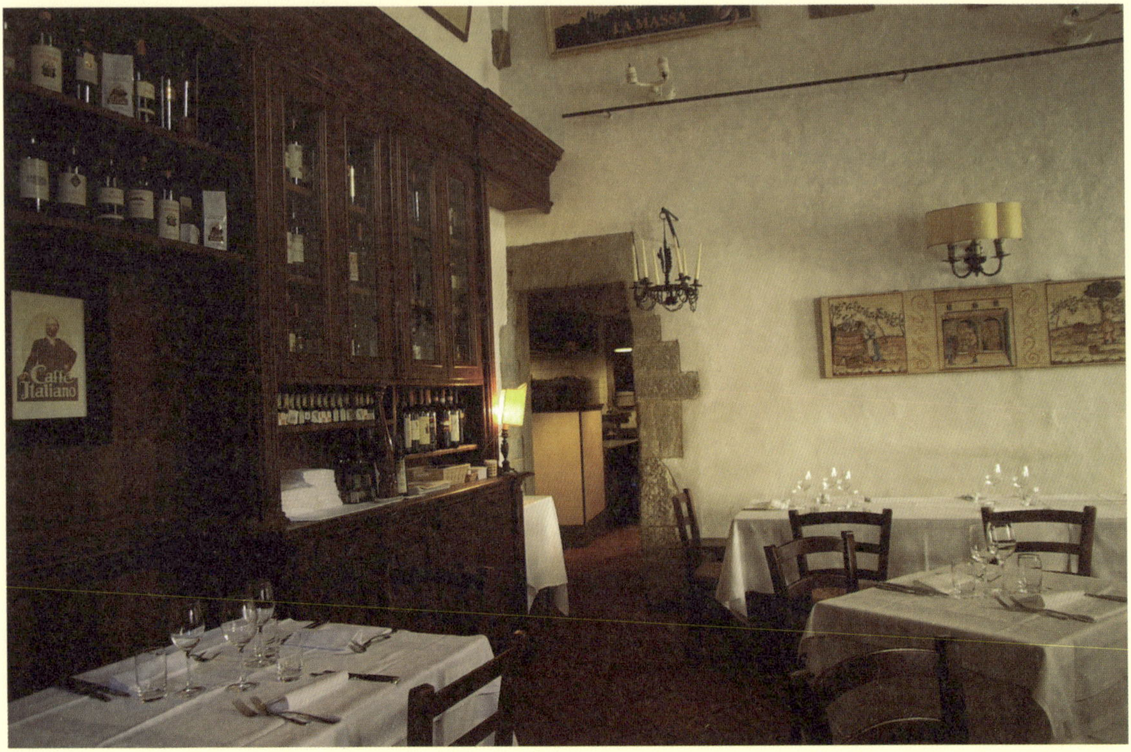
LA MASSA
Caffè Italiano

이탈리아 요리의 순서

이탈리아 요리를 먹을 때는 풀코스의 경우 아페르티보(Apertivo)를 시작으로 안티파스토(Antipasto), 프리모(Primo), 세콘도(Secondo), 돌체(dolce) 순으로 진행됩니다. '아페르티보'에는 보통 식전에 가볍게 즐기는 스파클링 와인, 스투찌키니(Stuzzichini)라 불리는 살루미 등의 육가공품, 작게 집어 먹을 수 있는 부르스케타, 크로스티니, 안초비, 올리브 등이 속합니다. '안티파스토'는 전채 요리를 말하긴 하지만 때에 따라 아페르티보와 겹치는 요리를 포함하기도 하고, '식사의 꽃'이라 불리는 플란(Sformato, 스포르마토)이나 테린, 카르파치오(Carpaccio) 등의 섬세하고도 입맛을 돋우는 요리들이 속합니다. 이때 샐러드(Insalata, 인살라타)와 수프(Zuppa, 주빠), 피자(Pizza)는 따로 분류합니다.
'프리모'는 '첫 번째'라는 뜻으로 거의 모든 종류의 파스타와 리소토가 속하며, 수프와 피자를 굳이 분류하자면 프리모에 해당한다고 볼 수 있습니다. '세콘도'는 '두 번째'라는 뜻으로 주로 메인 요리를 지칭합니다. 고기나 생선, 해산물, 채소로 만든 대부분의 메인 요리가 여기에 속합니다. 콘토르노(Contorno)는 사이드 디쉬 같은 곁들임 요리를 말하는데, 볶은 시금치나 구운 감자, 야채 등이 여기에 들어가며 보통 메인 요리와 함께 주문합니다. 메인 요리까지 마치고 나면 우리 모두가 좋아하는 '돌체', 디저트가 있습니다. 젤라또부터 티라미수, 케이크 등 모든 달콤한 것들이 돌체에 해당하지요. 때로는 리몬첼로나 빈산토 같은 달콤한 디저트 와인을 함께 곁들이기도 합니다. 하지만 이탈리아에서 진정한 식사의 마무리가 커피라는 것은 두말할 필요도 없습니다. 커피는 언제나 모든 코스의 마지막을 장식하죠.
보통의 대가족이 있는 가정에서는 안티파스토 또는 인살라타, 프리모, 세콘도, 돌체를 모두 챙겨서 먹는 경우가 많지만, 요즘의 젊은 이탈리아인이나 보통의 소규모 가정에서는 점심으로 간단한 파스타나 리소토를 먹거나 파니니로 끝내는 경우가 많습니다. 또한 저녁은 인살라타, 프리모 또는 세콘도, 돌체로 끝나는 일이 많아져 이탈리아의 전통적인 식문화가 현대에 맞추어 점점 간소화되는 경향을 볼 수 있습니다.

전통과 현재

수 세기에 걸쳐 전해 내려오는 이탈리아 각 지역의 전통 음식은 위대한 문화유산입니다. 그런 면에서 이탈리아 가정식은 대대손손 가정에서 이어져 내려오는 전통적인 레시피가 굉장히 많습니다. 조금 투박하지만 또 그런 면에서 정겨움을 느낄 수 있기도 합니다.

이탈리아 사람들은 많은 조리법을 개발했지만, 이러한 전통과 기술을 발전시키는 일에는 조금 서툰지도 모릅니다. 이탈리아 메디치 가문의 카트리나 공주가 프랑스 왕실로 시집을 가면서 프랑스로 가져간 요리들이 지금의 프랑스 식문화를 만들었다는 점에 비교하자면 말이지요. 하지만 그렇기 때문에 여전히 전통적 요소가 많이 남아 있는 이탈리아 요리에 매력을 느끼는 사람들도 많습니다.

오늘날 우리들이 접하고 있는 이탈리아 요리들은 대부분 미국이나 일본을 거쳐 온 경우가 많습니다. 하지만 이제는 많은 이탈리아 요리 학교나 레스토랑에서 직접 공부하고 온 셰프들이 현지의 맛을 전해주기 위해 노력하고 있지요. 굳이 이탈리아를 방문하지 않아도 될 정도로 맛있는 이탈리아 요리를 한국에서도 만나볼 수 있게 되었습니다. 저 또한 이탈리아에서 요리를 공부하고 온 사람으로서, 한국의 독자들이 이탈리아의 식문화에 대해 조금 더 관심을 가지고 먹는다면 아마 그 즐거움이 더욱 커지지 않을까 하는 바람을 가져봅니다.

2장
전채와 빵

Antipasti & Pane

Vellutata di rape

무 수프

가을철 무가 제철일 때 만들면 좋은 요리입니다. 이탈리아식 수프 중 하나인 벨루타타(Vellutata) 스타일로 농도가 진하고 크리미하게 만들었어요. 양파의 단맛, 그리고 가을이 되어 맛이 든 무의 풍미가 고소한 단맛을 만들어내는 수프입니다. 튀긴 무를 함께 곁들여 뱃속을 든든하게 채우는 한 끼 식사로 즐기기에도 좋습니다.

(2인분)

재료 무 250g, 무염 버터 30g, 양파 1/2개, 대파 1/2대, 밀가루(중력분) 15g, 채수 약 500~600ml, 올리브오일 약간, 소금, 후추 약간, 장식용 딜 약간

1 무와 양파는 가늘게 잘라 준비한다. 얇게 썬 무는 튀김용으로 한 줌 정도 따로 덜어둔다.
2 팬에 버터와 올리브오일을 두르고, 잘게 자른 무와 양파, 대파를 넣은 후 무가 전체적으로 숨이 죽을 때까지 볶는다.

3 밀가루를 넣고 좀 더 볶다가 채수를 넣고 끓여준다.
4 무가 완전히 익으면 불을 끄고, 핸드믹서로 곱게 갈아준다.
5 냄비에 4의 수프를 다시 넣고 끓이면서 소금, 후추 간을 한다.
6 미리 덜어둔 채 썬 무를 약한 불에서 은근하게 튀긴다.
7 완성된 무 수프를 그릇에 담고, 튀긴 무와 딜을 얹는다. 마무리로 올리브오일을 뿌려 완성한다.

Pappa al pomodoro

토마토 브레드 수프

이탈리아 토스카나 지역의 전통 수프로, 제가 이탈리아에서 요리를 공부하던 시절 처음 맛보았을 때부터 반했던 요리예요. 토스카나 지역에서는 '파파 알 포모도로' 요리 대회가 열릴 정도로 토스카나인들에게는 소울푸드와 같은 수프랍니다. 가난했던 시절 마른 빵을 불려서 먹던 서민의 음식이지만, 지금은 편안한 따뜻함을 느낄 수 있는 가정식 메뉴 중 하나가 되었어요. 먹고 남은 빵 꼬투리나 마른 빵, 빨갛게 익은 토마토가 많이 있을 때 활용하면 특히 요긴한 메뉴랍니다.

(2인분)

재료   바게트 또는 러스틱 브레드 70g, 완숙 토마토 2~3개, 바질 3~4장, 소금 약간, 올리브오일 약간, 채수 500ml

1. 바게트는 적당한 크기로 잘라 오일을 두르고 180도 오븐에서 5~10분 노릇하게 구워낸다.
2. 토마토는 꼭지를 따고 십자가로 칼집을 내어 오일을 두른 후 오븐에서 구워준다.
3. 구워진 토마토는 껍질을 벗기고 살짝 으깨 씨를 발라낸 후 잘게 다진다.

4 팬에 올리브오일을 두르고 토마토를 넣어 졸이듯이 끓이다가 채수를 넣고 끓여준다.
5 4에 구운 빵을 넣고 다시 은근하게 끓인다.
6 전체적으로 수분이 없어지면 소금 간을 하고 올리브오일과 바질을 넣어 마무리한다.

Insalata di orzo

보리 샐러드

이탈리아에는 콩과 곡류를 이용한 요리가 많습니다. 그중에서도 보리는 이탈리아 전 지역에서 나오는 작물로, 샐러드나 리소토, 커피 등 다양한 요리에 활용되고 있어요. 유학 시절 친구의 시칠리아 할머니 댁에서 먹었던 보리 샐러드 맛을 기억하며 한국에서 나는 제철 채소와 나물을 넣어 만들어보았습니다.

(2인분)

재료 찰보리 1컵, 샬롯 1/2개, 래디시 1개, 삶은 완두콩 2TS, 케이퍼 1TS, 대저토마토 1~2개, 봄나물(세발나물, 해방풍나물, 비름나름 등), 셰리 비니거 2TS, 올리브오일 2~3TS, 월계수잎 1장, 소금, 후추 약간

1. 보리는 깨끗하게 씻은 다음 냄비에 소금과 월계수잎을 넣고 약 10~15분간(탱탱하게 씹히는 느낌) 삶는다. 삶은 보리는 전분기가 없어질 때까지 찬물로 잘 헹궈준 후, 체에 받쳐 물기를 빼준다.
2. 물기를 뺀 보리에 소금, 후추 간을 한 후 셰리 비니거를 넣는다.
3. 봄나물은 끓는 소금물에 살짝 데친 다음 찬물에 헹궈 물기를 짠 후 먹기 좋은 크기로 잘라 식혀둔다.
4. 샬롯은 잘게 다지고, 토마토는 웨지 모양으로 잘라준다. 래디시는 얇게 썬다.
5. 볼에 다진 샬롯, 웨지로 자른 토마토를 담고 소금, 후추를 넣고 섞는다.
6. 케이퍼, 삶은 완두콩을 넣고 잘 섞어준다.

7 삶은 보리에 6의 채소를 넣고 잘 섞는다.
8 데친 봄나물, 래디시를 넣고 골고루 잘 섞는다.
9 마무리로 올리브오일을 두르고 섞은 다음 그릇에 담는다.

Insalata di finocchi e arance

펜넬 오렌지 샐러드

이탈리아는 세계 최고의 펜넬 생산국 중 하나입니다. 주 재배지는 이탈리아 남부의 풀리아 지역인데요, 해마다 수확 철이 되면 큰 트럭에 펜넬을 가득 실어 나르는 모습이 마치 우리나라 김장철의 배추를 보는 것 같답니다. 그만큼 펜넬은 이탈리아에서 널리 사랑받는, 이탈리아 사람들의 생활에서 떼려야 뗄 수 없는 채소예요. 펜넬은 뿌리부터 씨앗까지 모두 활용할 수 있지만, 보통 뿌리 구근 부분은 샐러드로 많이 요리합니다. 조금 더 다채로운 맛을 주기 위해 렌즈콩과 양배추를 더한 다음 향긋한 제주도 청희 오렌지를 넣어 완성했어요.

(2인분)

재료   펜넬 작은 것 1개, 적양배추 약간, 오렌지 또는 귤 1개, 올리브 5~6알, 렌틸콩 1/2컵, 월계수잎 또는 세이지 1~2장, 장식용 펜넬 잎 약간
오렌지 드레싱 오렌지즙 50ml, 올리브오일 30ml, 샴페인 비니거 10ml, 건포도 30g, 소금, 후추 약간

1 렌틸콩은 30분 정도 물에 불린 다음, 냄비에 월계수잎 또는 세이지를 넣고 삶아준다. 삶은 렌틸콩은 차갑게 식혀둔다.
2 펜넬과 적양배추는 얇게 슬라이스하여 잠시 차가운 물에 담가놓는다.
3 오렌지는 껍질을 벗기고, 과육만 빼서 잘라둔다.
4 오렌지 드레싱 재료를 볼에 모두 넣고 잘 섞는다.

5   물기를 닦은 펜넬, 적양배추와 올리브를 골고루 접시에 담는다.
6   그 위에 듬성듬성 오렌지를 올리고, 렌틸콩을 샐러드 위에 뿌린다.

7 미리 만들어둔 오렌지 드레싱을 두르고, 펜넬 잎을 올려 마무리한다.

Insalata di ruccola 와 pera

배 & 아시아고 치즈 샐러드

한국에 놀러 온 이탈리아인 친구가 한국의 배 맛을 보고 반한 적이 있어요. 그 친구가 그다음 방문 때 가져온 치즈가 바로 아시아고 치즈입니다. 진한 우유 맛이 강한 아시아고 치즈는 이탈리아 북부에서 즐겨 먹는 치즈로, 이탈리아에서도 서양배와 이 치즈를 곁들여 먹곤 한답니다. 한국의 배는 단맛이 강하고 식감이 단단해 샐러드로 만들어 먹으면 특히 맛있지요.

(2인분)

재료 배 1/4개, 아시아고 치즈 50g, 루콜라 30g, 토핑용 구운 잣, 호두 적당량
비트 드레싱 익힌 비트(다진 것) 2TS, 꿀 1TS, 발사믹 비니거 1TS, 올리브오일 1TS, 배 시럽(292쪽 참고) 약간, 소금, 후추 약간

1 볼에 비트 드레싱 재료를 모두 넣고 잘 섞어 드레싱을 만든다.
2 배는 껍질을 깎은 다음 1cm 두께로 자른다.
3 접시에 루콜라를 넉넉히 담고 비트 드레싱을 골고루 뿌린다.
4 그 위에 배를 먹기 좋게 올리고, 토핑용 구운 잣과 호두를 올린다.

5   아시아고 치즈를 슬라이서로 얇게 잘라 올려서 마무리한다.

Insalata di melone Coreano

참외 샐러드

차가운 물에 동동 띄운 참외를 보면 어린 시절이 생각나곤 해요. 참외는 그대로 먹어도 맛있는 과일이지만, 성질이 차서 열이 많이 나는 계절에 먹으면 특히 좋다고 합니다. 씨까지 먹는 편이 영양상으로는 낫다고 하지만, 딱딱하여 먹기 불편한 씨를 제거한 다음 샐러드를 만들면 색다른 맛이 되지요. 씨를 제거한 참외는 단맛이 적어 그대로 먹기에는 밋밋한 느낌이 들지만 레몬과 식초에 절여서 먹으면 맛이 한결 풍부해져요. 이 샐러드는 특히 에피타이저로 추천하고 싶은 요리로, 루꼴라와 곁들이면 여름철 입맛을 돋우는 메뉴가 된답니다.

(2인분)

재료	참외 1/2개, 오이 1/3개, 루콜라 적당량, 산딸기 1/2컵, 레몬즙(레몬 1/2개 분량), 화이트 발사믹 비니거 1TS, 딜 약간, 소금, 후추 약간, 올리브오일 적당량

1 참외는 깨끗이 씻은 다음 반을 갈라 씨를 빼낸 후 얇게 썬다.
2 오이는 세로로 길게 잘라 가운데 씨 부분을 제거하고 얇게 슬라이스해준다.
3 볼에 참외, 레몬즙, 비니거, 딜을 넣고 30분 정도 절인다.
4 접시에 절인 참외를 올리고, 루콜라, 오이, 산딸기를 담는다.
5 샐러드 위에 소금, 후추로 간을 하고, 마무리로 올리브오일을 뿌려 완성한다.

Focaccia

봄나물 포카치아

봄이 되면 쏟아져 나오는 여러 가지 나물을 좀 더 활용하기 위해 만든 메뉴입니다. 이 포카치아 레시피는 봄나물은 물론 산나물, 풀과 여름 채소까지도 다양하게 응용해서 만들어 볼 수 있어요. 데쳐야 하는 나물들은 데쳐서, 생으로 먹어도 되는 나물들은 생으로 얹어서 굽는 것이 좋습니다. 나물의 맛에 따라 포카치아의 맛도 달라지니 여러 가지 나물로 다채롭게 만들어보세요.

(28 X 36cm 사각팬 1개 분량)

| 재료 | 강력분 또는 중력분 500g, 물 350~400g, 올리브오일 20g, 소금 10g, 설탕 1ts 인스턴트 드라이 이스트 4g, 봄나물(취나물, 달래 등) 적당량, 토핑용 소금, 올리브오일 약간 |

1. 믹싱용 볼에 밀가루와 소금, 설탕, 이스트를 넣는다.
2. 물을 넣고 잠시 반죽한 다음, 올리브오일을 넣고 반죽이 완전히 매끈해질 때까지 충분히 치댄다.
3. 완성된 빵 반죽을 커다란 볼에 넣고 약 2배 크기가 될 때까지 상온(약 25~28도)에서 약 1시간 동안 1차 발효한다.

4 올리브오일(분량 외)을 바른 납작한 오븐팬에 1차 발효가 완료된 반죽을 올린다. 손가락으로 반죽을 넙적하게 잘 펴준다.

5 반죽 위에 취향에 따라 봄나물을 올린다.

6 다시 상온(약 25~28도)에서 약 1시간 동안 2차 발효를 한다.

7 2차 발효를 마친 반죽에 올리브오일을 골고루 뿌리고, 200도로 예열된 오븐에서 윗면이 노릇해질 때까지 약 30~40분 굽는다.

8 잘 구워진 포카치아를 오븐에서 꺼내 따뜻할 때 올리브오일을 골고루 바르고, 소금 한 꼬집을 뿌려준다.

Taralli

타랄리

이탈리아에서는 지역에 따라 식전 빵에 곁들이는 스낵이 조금씩 다릅니다. 북부 지방에서는 가늘고 길쭉한 모양의 그리시니를, 남부 지방에서는 동그랗고 귀여운 모양의 타랄리를 즐겨 먹지요. 타랄리는 다양한 맛이 있는데, 페페론치니, 레몬, 후추 등을 넣은 짭짤한 맛부터 설탕을 넣은 디저트 버전까지 있답니다. 또 같은 남부라고 해도 지역에 따라 타랄리의 모양에도 약간씩 차이가 있어요.
타랄리는 전형적인 시골풍의 메뉴이자 농부들이 손님에게 대접하던 음식으로, 지금은 우정과 선의를 베푸는 상징이 되었습니다.
'타랄루치와 와인으로 마무리(Finire a Tarallucci e vino).'라는 남부의 속담은 '좋은 분위기로 마무리한다'는 뜻을 가지고 있어요. 타랄리와 와인을 대접하는 일이 예전부터 그만큼 좋은 환대로 여겨졌다는 뜻이죠. 타랄리는 보존성이 좋아 한번에 많이 만들어두고 갑자기 찾아온 친구들에게 와인과 함께 내어주기에도 참 좋은 스낵이랍니다.

(약 20~30개 분량)

재료   밀가루(중력분) 250g, 올리브오일 50ml, 화이트와인 100ml, 소금 5g, 펜넬 씨 4g

1. 커다란 볼에 밀가루, 소금, 펜넬 씨를 담고, 화이트와인을 넣고 잘 섞어준다.
2. 올리브오일을 넣고 잘 섞어 한 덩어리로 매끄럽게 반죽한다.
3. 반죽이 완성되면 약 10~15g씩 소분한다.
4. 가늘고 길게 밀어준 다음 끝을 붙여 동그란 모양으로 빚는다.

5 타랄리 반죽을 끓는 물에 넣고, 반죽이 떠오르면 건져낸다.

6 반죽의 물기를 제거하고 180도로 예열된 오븐에서 약 30~40분간 노릇하게 굽는다.

Tip. 펜넬 씨 대신 후추나 페페론치니, 레몬 제스트 등을 넣어도 됩니다. 취향에 따라 다양한 버전의 타랄리를 만들어보세요.

Suppli

로마식 주먹밥 튀김

주먹밥 튀김인 '수플리'는 로마식 '아란치니' 같은 음식입니다. 아란치니가 샤프란을 넣은 노란 리소토로 만든다면, 수플리는 토마토소스를 넣은 리소토를 빚어 만들어요. 수플리는 로마에 가면 언제 어디서나 먹을 수 있는 가벼운 길거리 음식 중 하나인데요, 이번에는 고소한 아이올리를 곁들여 수플리의 맛을 한층 끌어올려 봤어요. 달래 또는 여러 가지 허브를 이용해 나만의 아이올리를 만들면 더 맛있답니다.

(약 9~10개 분량)

재료	대저 토마토 150g, 쌀 160g, 모차렐라 치즈 75g, 다진 양파 1/4개, 채수 600~700ml, 그라나 파다노 치즈(갈아둔 것) 15g, 소금, 후추 약간, 달걀 1~2개, 빵가루 150g, 튀김용 기름 적당량 **달래 아이올리** 달래 20g, 두유 50ml, 포도씨유 100ml, 레몬 소금 1~2ts, 마늘 페이스트(45쪽 참고) 1ts, 레몬즙(레몬 1개 분량)

1 대저 토마토는 십자로 칼집을 낸 다음 끓는 물에 살짝 데쳐 껍질을 벗긴다. 익힌 토마토는 씨를 빼고 잘게 썰어둔다.
2 중불로 달군 프라이팬에 올리브오일을 두르고 다진 양파를 넣고 볶다가 쌀을 넣고 쌀알이 투명해질 때까지 볶는다.
3 채수를 쌀알이 덮힐 정도로만 부어준 후 다져놓은 대저 토마토를 넣고 끓인다. 남은 채수를 한 컵(200ml)씩 넣어가며 서서히 재료를 익혀준다.
4 쌀알이 약간 씹히는 느낌이 남아 있을 때쯤 불을 끈 후 갈아둔 그라나 파다노 치즈, 소금, 후추로 간을 한다.

5 넓적한 바트에 리소토를 펼쳐 완전히 식힌다.
6 모차렐라 치즈를 약 5~6cm 정도 길이의 막대 모양으로 잘라둔다.
7 완전히 식힌 리소토 약 40~50g을 손에 펼쳐 놓고, 모차렐라를 가운데에 올린 다음 길쭉한 형태로 뭉쳐준다.
8 작은 볼에 달걀을 풀고 다른 볼에는 빵가루를 준비해둔다. 뭉친 리소토 반죽을 달걀물에 담근 뒤 빵가루를 묻힌다.

9 약 170~180도로 예열된 튀김 기름에 리소토 반죽을 돌려가며
 노릇하게 튀긴다. 잘 튀겨진 수플리를 체에 밭쳐 기름을 빼준다.
10 아이올리를 만든다. 달래를 잘게 다진다. 나머지 재료는
 핸드블렌더로 한 번에 갈아 크리미하게 뭉쳐지면 다진 달래를 넣고
 섞어준다.
11 완성된 수플리에 아이올리를 취향에 따라 곁들여서 먹는다.

Tip. 리소토를 만들기 번거롭다면 간단히 남은 찬밥을 이용해서 만들어도 됩니다.

Capesante gratinate

가리비 오븐구이

가리비 오븐구이는 이탈리아에서 크리스마스나 새해의 파티 메뉴로 많이 활용되는 에피타이저입니다. 이번에는 가리비를 구울 때 매콤한 칼라브리안 버터를 넣어 봄과 여름의 맛으로 만들어보았어요. 따뜻한 조개의 감칠맛과 이탈리아 남부의 매콤한 맛을 함께 즐겨보세요.

(2인분)

재료 가리비 8개, 칼라브리안 버터(47쪽 참고) 2~3TS,
화이트와인 100ml, 소금, 후추 약간
그레몰라타 빵가루 3TS, 올리브오일 1TS,
레몬 제스트 약간, 다진 허브(딜이나 타임 등) 적당량

1   가리비는 껍질을 깨끗이 닦은 다음 연한 소금물에 흔들어 씻어 물기를 빼준다.
2   작은 볼에 그레몰라타 재료인 빵가루, 레몬 제스트, 다진 허브를 넣고 잘 섞어준다. 마지막으로 올리브오일을 둘러 전체적으로 골고루 잘 섞이게끔 한다. 완성된 모습(**2-3**).

3   뚜껑 있는 냄비에 가리비와 화이트와인을 넣고 센 불로 가열한 다음, 뚜껑을 닫아준다.

4   가리비가 입을 벌리면 바로 불을 끄고, 익은 가리비를 건져낸다.

TIP. 오븐에서 한 번 더 익힐 예정이므로 가리비를 너무 익히지 않도록 주의합니다.

5   가리비의 뚜껑을 따서 오븐팬에 올려준다.

6   가리비 위에 칼라브리안 버터를 1/3TS씩 올린 후 그레몰라타를 한 스푼씩 뿌려준다.

7   200도로 예열된 오븐에서 약 10~15분간 노릇하게 굽는다.

Tip. 가리비 사이즈에 따라, 원하는 맵기에 따라 버터의 양을 조절해서 넣어주세요.

Peperoni misti grigliati

고추구이

이탈리아에서는 여름에 야채를 구워 저장해서 많이 먹습니다. 남부를 제외한 이탈리아 사람들은 매운 것을 즐기지 않는 편이므로 주로 파프리카를 구워 먹지만, 남부에서는 고추를 구워서 많이 먹지요. 이 메뉴는 고추 품종이 풍성해진 요즘에 특히 즐기기 좋은 메뉴입니다. 와인 안주나 에피타이저로도 손색없고, 취향에 따라 다른 맛의 치즈를 갈아 올려도 색다르게 즐길 수 있습니다.

(2인분)

재료 고추(당조고추, 가지고추, 풋고추 등) 200g, 소금, 후추 약간, 셰리 비니거 2TS, 올리브오일 1~2TS, 페코리노 치즈 적당량

1 고추는 깨끗이 씻어 물기를 닦은 후 군데군데 칼집을 내준다.
2 오븐 팬에 고추를 올리고, 소금, 후추, 올리브오일을 살짝 뿌린다.
3 200도로 예열한 오븐에서 약 20분간 굽는다.
4 구운 고추에 셰리 비니거를 넣고 살짝 버무린다.
5 그릇에 담고 치즈를 듬뿍 뿌려 완성한다.

Crostini

크로스티니 2종

크로스티니는 이탈리아의 대표적인 전채 요리 중 하나입니다. 큼직한 사이즈의 빵을 통으로 사용하는 브루스케타와 달리 크로스티니는 주로 바게트나 둥근 형태의 빵을 작게 잘라 만들지요. 빵 위에 올라가는 재료에 따라 다양한 맛의 크로스티니를 만들 수 있습니다.

Crostini alle acciunghe

안초비 크로스티니

(2인분)

재료 러스틱 브레드 또는 바게트 1/2개,
파프리카 절임(323쪽 참고) 1개 분량, 케이퍼 1TS,
안초비 5장, 화이트 와인 100ml, 리코타 치즈 80g,
마늘 2톨, 셰리 비니거 2TS, 타임 약간, 후추 약간,
올리브오일 적당량

1. 파프리카 절임은 가늘게 썰어둔다. 안초비는 화이트와인에 10분 정도 담가둔다.
2. 빵은 7~8cm 길이로 자른다.
3. 빵 위에 올리브오일을 뿌리고 200도로 예열한 오븐에서 5~10분간 노릇하게 굽는다.
4. 구워진 빵에 마늘을 긁어서 발라준다.
5. 그 위에 리코타 치즈를 펴바른다.
6. 파프리카 절임, 안초비, 케이퍼를 순서대로 얹는다. 마지막으로 후추를 뿌려 완성한다.

Crostini con carote e prosciutto

당근 딥 크로스티니

(2인분)

재료   바게트 2개, 당근 딥(43쪽 참고) 40g, 크림치즈 30g, 올리브오일 약간, 소금, 후추, 채 썬 당근 50g, 레몬즙 1TS, 프로슈토 2~3장, 루콜라 약간

1 작은 볼에 당근 딥과 크림치즈를 넣고 잘 섞는다.
2 채 썬 당근은 소금을 뿌려 살짝 절인 뒤 레몬즙을 넣고 버무려둔다.
3 바게트는 7~8cm 길이로 자른다.
4 빵 위에 올리브오일을 뿌리고 200도로 예열한 오븐에서 5~10분간 노릇하게 구워낸다.
5 구워진 빵 위에 1의 당근크림 딥을 바르고 2의 절인 당근을 올린다.
6 그 위에 프로슈토를 올린 다음, 루콜라 또는 당근 잎을 얹어 마무리한다.

127

3장
파스타 & 리소토

Pasta con crema di cavolo Coreani

배추 크림 파스타

배추를 구우면 배추의 달큰한 맛을 더 잘 살릴 수 있어요. 구운 배추를 곱게 갈아 크림으로 만들어 김 버터와 함께 파스타에 넣으면 고소하면서도 감칠맛이 뛰어난 소스가 됩니다. 배추는 해조류와도 의외로 잘 어울려서 제가 자주 조합하는 식재료인데요, 사시사철 쉽게 구할 수 있는 해조류인 톳과 김을 활용해 배추 파스타를 만들었습니다.

(1인분)

재료 링귀네면 100그램, 알배추 1/8개, 마른 톳 2g, 안초비 1장, 화이트 와인 20ml, 면수(파스타 삶은 물) 50ml, 김 버터(47쪽 참고) 1TS, 소금, 후추, 올리브오일 약간, 딜 약간
배추 크림 알배추 1/8개, 마늘 페이스트(45쪽 참고) 1ts, 올리브오일 30ml

1. 알배추는 세로로 길게 1/8 크기로 자르고, 2조각 모두 볼에 담아 소금, 후추, 올리브오일 약간을 넣고 버무린다.
2. 달군 그릴팬에 알배추를 겉면이 갈색이 나도록 굽는다.
3. 파스타에 넣을 배추는 구움색이 나면 꺼내놓고, 크림용 배추는 속까지 익도록 충분히 굽는다.
4. 크림용 배추와 나머지 재료를 믹서에 모두 넣고 곱게 갈아서 배추 크림을 완성한다.
5. 마른 톳은 물에 약 10분간 불린 후 건져서 준비한다. 안초비는 다진다.
6. 링귀네면을 소금을 넣은 끓는 물에 삶는다.
7. 올리브오일을 두른 팬에 다진 안초비를 넣고 약한불에서 볶다가 불린 톳을 넣고 화이트 와인을 넣는다.

8   와인의 알코올이 거의 졸아들 때쯤 미리 만들어둔 배추 크림을 넣는다. 파스타 면수를 넣고 부드럽게 잘 섞어준다.
9   삶은 링귀네면을 넣는다.
10 면과 소스가 잘 섞이면 마지막으로 김 버터를 넣고 전체적으로 잘 섞이게끔 만테카레를 한다.

Tip. 만테카레(Mantecare)란 전분과 지방을 유화시키는 작업을 말합니다. 주로 파스타와 리소토에서만 쓰는 용어로, 조리 마지막 단계에서 팬에서 파스타를 돌려가며 공기와 접촉할 수 있도록 볶아주는 과정입니다. 조리 중 차가운 공기와 접촉하며 풀려 있던 묽은 소스가 이 과정을 통해 끈적해지고 크리미하게 만들어져 면과 소스가 분리되지 않게 됩니다.

11 파스타를 그릇에 담고 그릴에 구운 배추를 올려 완성한다.

Fregola con vongole

봉골레 프레굴라

프레굴라는 이탈리아 샤르데냐 지방의 쿠스쿠스로, 일반적인 쿠스쿠스보다 큰 알갱이 모양입니다. 이탈리아 서쪽에 위치한 샤르데냐 섬은 오래전부터 다양한 민족이 유입된 역사적 배경이 있어 이탈리아 내륙 지역과는 조금 다른 독특한 음식 문화를 가지고 있지요. 이번에 소개하는 프레굴라는 아랍의 문화가 남아 있는 음식이라고 볼 수 있어요. 가장 기본적인 메뉴인 조개와 시금치를 넣은 프레굴라뿐 아니라 소시지나 토끼고기 등 다양한 부재료를 활용한 프레굴라도 있답니다. 프레굴라는 파스타로 먹기도 하고 샐러드로 만들어 먹기도 좋으므로 다양하게 요리에 활용해보세요.

(1인분)

재료 프레굴라 100g, 다진 양파 2TS, 마늘 1~2톨, 바지락 100g, 참나물 30g, 방울토마토 3~4개, 조개 육수 700ml~1L, 화이트와인 50ml, 올리브오일, 소금 약간

1. 양파는 다지고, 참나물은 1.5cm 길이로 잘라 준비한다. 방울토마토는 반으로 자르고, 마늘은 편으로 썬다.
2. 바지락을 깨끗이 씻은 다음 소금물에 담가 해감한다.
3. 팬에 올리브오일을 두르고 양파와 마늘을 넣고 볶는다.
4. 해감한 바지락을 넣고 화이트 와인을 넣은 다음 뚜껑을 닫는다.

5 조개의 입이 벌어지면 익은 바지락을 건져낸다.
6 냄비에 프레굴라를 넣고, 조개 육수를 붓고 잘 섞는다.
7 뚜껑을 살짝 열고 끓이면서 중간중간 저어주며 익힌다. 이때 살짝 소금 간을 한다.
8 프레굴라가 어느 정도 익으면, 뚜껑을 열고 참나물과 방울토마토, 삶은 바지락을 넣고 졸인다.

9 완성된 프라굴라에 마무리로 올리브오일을 살짝 두른다.

Tip. 프레굴라는 제품마다 익히는 시간이 다르므로 이에 따라 육수를 조절하여 넣어주세요.

Pasta con zucchini e pomodoro

주키니 콘챠 파스타

주키니 콘챠는 원래 이탈리아의 사이드 메뉴(콘토르노, contorno) 중 하나입니다. 주키니는 여름철에 주로 튀기거나 구워서 오일 절임으로 많이 먹는 음식인데요, 주키니 수확 철에는 토마토 또한 풍성하게 나오기에 차갑게 먹는 파스타로 만들어봤어요. 이탈리아에서도 차가운 파스타를 먹기는 하지만, 절대로 파스타를 찬물에 헹구지 않습니다. 파스타를 삶은 다음 그대로 식혀서 먹지요. 콘챠를 미리 만들어 놓고 파스타만 넣으면 되니, 입맛이 없는 여름철에 간단히 만들어 먹기 좋은 메뉴입니다.

(1인분)

재료 링귀네면 100g, 완숙 토마토 2개, 주키니 1/3개, 삶은 완두콩 한 줌, 민트와 딜 각 한 줌, 셰리 비니거 2TS, 소금, 후추 약간, 올리브오일 50ml, 파르미지아노 레지아노 치즈 적당량

2-3

1 주키니는 적당한 두께로 잘라 프라이팬에서 앞뒤로 잘 구워준다.
2 구운 주키니를 볼에 담고, 올리브오일, 셰리 비니거, 삶은 완두콩, 다진 민트와 딜을 넣어 살짝 절여준다. 완성된 주키니 콘챠(**2-3**).
3 토마토는 끓는 물에 데쳐 껍질을 벗긴 후 잘게 잘라 준비한다.
4 파스타는 소금물에 삶은 다음 올리브오일을 살짝 뿌려 식혀놓는다.

5 볼에 2의 주키니 콘챠, 토마토를 넣고 잘 섞어준다.
6 차가운 파스타를 넣고 골고루 섞는다.
7 취향에 따라 파르미지아노 레지아노 치즈를 갈아서 뿌리고,
  올리브오일을 둘러 마무리한다.

Pasta e fagioli

콩 파스타

이 파스타는 토스카나 지역의 전통 요리로, 이탈리아에는 콩을 이용한 다양한 요리들이 많이 있습니다. 저는 원래 콩을 그다지 좋아하지 않았는데 이탈리아 유학 시절 음식으로 자주 접하다 보니 콩 요리의 매력에 푹 빠지게 되었어요. 이번에는 이탈리아에서 나는 카넬로니콩 대신 한국의 선비잡이콩과 울타리콩을 이용해 파스타를 만들어 식감을 살려보았습니다. 콩으로 소스를 만들 때는 식감 있게 삶은 콩은 따로 건져놓고, 푹 삶은 콩을 갈아서 소스로 활용하면 좋답니다.

(1인분)

재료 라자냐 80g, 울타리콩과 선비잡이콩 (합해서) 50g, 양파 30g, 당근 30g, 샐러리 30g, 마늘 1~2톨, 월계수잎 1장, 세이지(또는 로즈마리) 약간, 토마토홀 또는 토마토 폴파 100g, 방울토마토 4~5개, 물 200ml, 소금 약간, 올리브오일 적당량

1 콩은 씻어서 하룻밤 불린 후 소금 약간과 월계수잎을 넣고 30분 정도 푹 삶는다. 콩 삶은 물도 버리지 말고 따로 둔다.
2 양파, 당근, 샐러리는 잘게 다진다. 마늘은 편으로 썬다.
3 라자냐는 먹기 좋은 크기로 툭툭 잘라 준비한다.
4 달군 팬에 올리브오일을 두르고, 다진 양파와 당근, 샐러리를 넣고 볶다가 마늘을 넣고 함께 볶는다.
5 토마토 폴파와 방울토마토를 넣고 함께 익힌다.
6 삶은 콩과 콩 삶은 물을 넣고 끓이다가, 세이지를 넣고 끓인다.

7   6의 반 정도 분량을 덜어서 핸드믹서로 곱게 갈아준다. 갈아준 콩 소스를 다시 냄비에 넣고 끓인다.

8   잘라둔 라자냐를 넣고 콩 삶은 물 200ml와 물 200ml를 더 넣고 뚜껑을 닫고 익힌다.

9   마무리로 올리브오일을 둘러 완성한다.

Pasta con le melanzane

가지 파스타

이탈리아 사람들의 가지 사랑은 남다릅니다. 가지가 처음 이탈리아에 들어왔을 때 붙여진 이름이 'mela ngiana'로 '건강에 해로운 사과'라는 뜻이라고 해요. 가지를 생으로 먹기에는 독성이 있어서 붙여진 이름이죠. 시간이 흘러 현재는 'pomo d'amore'(사랑의 사과)라고 불리며 많은 이탈리아인들의 사랑을 받고 있어요. 이탈리아의 가지는 단단한 식감과 두꺼운 과육 때문에 페스토나 구이 요리에 많이 활용됩니다. 반면 우리나라 가지는 수분이 많고 식감이 부드러워서 충분히 수분을 빼고 구워주면 맛있게 요리할 수 있답니다.

(1인분)

재료	리가토니면 100g, 가지 1/3개, 가지 페스토(43쪽 참고) 1과 1/2TS, 양파 1/4개, 루콜라 약간, 면수 150ml, 올리브오일 적당량, 소금, 후추 약간, 토핑용 리코타 치즈 또는 페타 치즈 약간

1 가지는 5cm 길이로 잘라 소금을 뿌려 15~20분 정도 둔다. 가지 표면에 물기가 생기면 물기를 닦아낸다.
2 양파는 꼭지가 붙어 있도록 세로로 슬라이스해서 준비한다.
3 올리브오일을 두른 팬에 가지와 양파를 넣고 소금, 후추 간을 한 다음 앞뒤로 노릇하게 구워낸다.
4 리가토니면을 소금을 넣은 끓는 물에 넣고 삶는다.
5 프라이팬에 파스타를 삶은 면수와 가지 페스토를 넣고 살짝 끓여준다.

6 삶은 파스타를 넣고 올리브오일을 살짝 둘러준 후 약 30초 정도 더 졸인다.
7 파스타를 그릇에 담고 3의 구운 가지와 양파, 루콜라를 올린다.
8 취향에 따라 리코타 치즈나 페타 치즈를 올려준다.

Paccheri al pollo e radice di loto

연근 치킨 파케리

레몬 소금에 절인 닭고기의 맛과 크리미한 소스가 잘 어우러지는 파스타입니다. 연근으로 아삭한 식감을 살리고, 부드러운 소스를 가득 품은 넓적한 파케리면을 함께 먹으니 그 맛이 일품이지요. 이 요리의 포인트는 얇게 슬라이스하여 튀긴 연근입니다. 맛도 모양도 식감도 훌륭한 요리라서 손님 초대 요리에 빠질 수 없는 메뉴랍니다.

(1인분)

재료	파케리면 90g, 닭다리살 1장, 연근 1/2개, 근대잎 2장, 마늘 2톨, 레몬 소금 1ts, 그라노 파다노 치즈(갈아둔 것) 1TS, 파프리카 파우더 약간, 생크림 150ml, 화이트와인 50ml, 올리브오일 적당량, 소금, 후추 약간, 튀김 기름 적당량, 밀가루 약간, 토핑용 허브 적당량

1. 닭다리살은 지방을 제거하고 껍질을 벗긴다. 손질한 닭고기를 한입 크기로 자르고 레몬 소금과 섞어 잠시 마리네이드한다.
2. 연근의 절반은 작은 주사위 모양으로 자르고 절반은 얇게 슬라이스하여 식초를 섞은 물에 담가둔다. 근대는 한입 크기로 잘라 준비하고 마늘은 편으로 썬다.
3. 파케리면은 소금을 넣은 끓는 물에 삶는다.
4. 올리브오일을 두른 팬에 마늘과 근대를 넣고 볶는다. 익은 채소를 따로 건져둔다.
5. 같은 팬에 주사위 모양으로 자른 연근과 닭고기를 넣고 볶아준다.
6. 연근과 닭고기를 볶은 팬에 화이트와인을 넣는다.

7 알코올이 날아가면 생크림을 넣고 끓인다.
8 그라노 파다노 치즈와 삶은 파케리면을 넣고 졸인다.
9 슬라이스한 연근을 물에서 건져 물기를 제거하고, 밀가루를 살살 묻혀 털어준 다음 약불에서 갈색이 나도록 튀겨준다.
10 그릇에 파스타를 담고, 튀긴 연근과 볶은 근대를 올린다. 파프리카 파우더를 살짝 뿌리고 취향에 따라 좋아하는 허브를 곁들여 마무리한다.

Ravioli di scampi

딱새우 라비올리

제주의 딱새우살을 가득 담아 넣은 라비올리입니다. 일반 새우로 만들어도 좋지만 감칠맛과 단맛이 뛰어난 딱새우를 활용하면 한결 맛있는 라비올리를 완성할 수 있어요. 소스에 토마토소스나 토마토 페이스트를 더해 좀 더 진한 맛을 즐겨도 좋고, 오로지 크림만 넣은 소스로 딱새우의 깊은 맛과 고소함을 즐겨도 좋습니다.

라비올리 만들기

(2인분, 약 10~12개)

재료　**반죽** 세몰리나 60g, 밀가루(중력분 또는 강력분) 40g, 달걀 1개, 소금 약간
　　　필링 딱새우살 12마리 분량, 달래 2~3줄기, 마늘 페이스트(45쪽 참고) 1/2ts, 소금, 후추 약간, 올리브오일 약간

　　　달걀흰자 1개 분량

1. 반죽 재료를 푸드 프로세서에 모두 넣고 뭉쳐 한덩어리로 만든다.
2. 딱새우 12마리는 껍질을 벗겨 껍질과 살을 분리해 준비한다.
 (머리와 껍질은 버리지 말고 따로 둔다.)
3. 손질한 딱새우살과 달래는 곱게 다지고, 나머지 필링 재료를 넣고 잘 섞어준다.
4. 1의 반죽을 밀대로 밀어준 다음, 파스타 기계에 넣고 여러 번 길게 밀어서 얇게 펴준다.

5 라비올리 반죽 위에 붓으로 달걀흰자를 골고루 바른다.
6 그 위에 작은 원형틀로 살짝 자국을 낸다.
7 원형 자국 위에 숟가락으로 새우 필링을 올린다.
8 필링 위로 반죽을 덮은 다음 필링이 덮인 테두리를 꾹꾹 눌러 잘 붙여준다.
9 큰 원형틀로 라비올리를 하나씩 찍어낸다. (커팅 칼을 이용해 네모 모양으로 잘라도 된다.)
10 라비올리를 끓는 소금물에 넣고, 2~3분 정도 삶아 익힌다.

비스크 소스 만들기 & 완성하기

(2인분)

재료 딱새우 4마리, 딱새우 머리와 껍질(12마리 분량), 양파 1/2개, 당근 1/2개, 샐러리 1/2개, 마늘 1톨, 월계수잎 1장, 코냑 20ml, 화이트와인 1TS, 방울토마토 5~6개, 생크림 100ml, 올리브오일 적당량, 소금, 후추 약간

1. 양파, 당근, 샐러리는 약 3~4cm 길이로 썬다.
2. 작은 냄비에 올리브오일을 두르고 양파, 샐러리, 당근을 넣고 볶는다.
3. 라비올리를 만들 때(170쪽) 보관해둔 새우 머리와 껍질을 넣고 갈색이 날 때까지 잘 볶는다.
4. 코냑를 넣어 잡내를 날린다.
5. 알코올이 날아가면 물을 껍질이 잠길 정도로만 부어준 후 한소끔 끓인다. 액체가 반 정도로 줄어들면 불에서 내려 한 김 식힌 후 핸드 블렌더로 곱게 갈아준다.
6. 고운 체에 받쳐 건더기는 걸러내고 국물은 다시 냄비에 담는다.
7. 생크림을 넣고 살짝 졸여준 후 취향에 맞게 소금, 후추 간을 해준다.

8 프라이팬에 오일을 두르고 딱새우를 넣은 다음 앞뒤로 잘 굽는다. 소금, 후추 간을 살짝 해준 후 화이트와인을 넣고 알코올을 날려준다.
9 방울토마토를 넣고 살짝 더 익혀준다.
10 접시에 7의 비스크 소스를 담고 삶아서 소스에 버무린 라비올리를 올린다. 구운 딱새우와 방울토마토를 그 위에 얹는다. 올리브오일을 살짝 둘러 마무리한다.

Lasagne ai pomodorini e burrata

토마토 & 부라타 치즈 라자냐

재료가 많이 없어도 충분히 만들 수 있는 심플한 스타일의
라자냐입니다. 부라타 치즈는 이탈리아 남부 풀리아 지역의 치즈로,
부드러운 크림과 모차렐라 치즈의 식감을 동시에 즐길 수 있어 큰
인기를 끌고 있지요. 부라타 치즈는 생으로 즐겨도 좋지만, 신선한 치즈
맛이 강조된 라자냐로 만들어도 무척 맛있답니다.

(1인분)

재료	생라자냐 4장, 방울토마토 200g, 부라타 치즈 1개, 파르미지아노 레지아노 치즈(갈아둔 것) 2TS, 바질(또는 시소) 3~4장, 올리브오일 적당량, 소금, 후추 약간, 토핑용 치즈 약간

1 생라자냐는 테두리를 깔끔하게 잘라 사각형으로 준비한다.
2 방울토마토는 반으로 잘라 오븐에 살짝 구워준다.

3 부라타 치즈는 잘게 찢어두고, 치즈 안에서 나온 크림물도 따로 모아둔다.

4 오븐용 그릇에 라자냐를 1장 올리고 그 위에 구운 방울토마토, 부라타 치즈, 바질, 파르미지아노 레지아노 치즈, 소금, 후추를 올린다.

5 그 위에 라자냐를 1장 더 올리고 같은 방법으로 토핑을 올린다. 총 3번 반복한다.

6   마지막 토핑 위에 부라타 치즈 크림물을 부어준다.
7   180도로 예열된 오븐에서 약 20 ~25분 굽는다.
8   구워진 라자냐 위에 올리브오일을 두르고, 취향에 따라 치즈를 더 갈아서 올린다.

Risotto primavera

리소토 프리마베라

'프리마베라'는 이탈리아어로 '봄'이라는 뜻으로, 이름 그대로 봄의 채소와 허브를 가득 넣어 만든 리소토입니다. 만물이 움트는 시기에는 봄에 나는 음식을 통해 몸도 조금씩 깨워주는 것이 좋아요. 이탈리아에서는 허브를 약으로도 사용할 만큼 일상에서 다양하게 활용하고 있어요. 봄의 기운이 가득 담긴 리소토로 새로운 계절의 입맛을 돋워보세요.

(1인분)

재료 쌀 100g, 각종 허브(딜, 민트, 타임 등) 5g, 생완두콩 20g, 아스파라거스 2개, 그린빈스 20g 그라나 파다노 치즈(갈아둔 것) 2TS, 무염 버터 1TS , 다진 양파 1TS, 마늘 페이스트(45쪽 참고) 1ts, 올리브오일 적당량, 소금, 후추 약간, 화이트와인 30ml, 채수 700ml, 장식용 호박꽃 약간

1   각종 허브는 다져서 준비한다. 아스파라거스와 그린빈스도 1cm 길이로 잘라 준비한다.
2   프라이팬에 올리브오일을 두르고 약불에서 다진 양파와 마늘 페이스트를 넣고 볶는다.
3   쌀을 넣고 잘 볶아준다.

4   쌀알이 투명해지면 (**4-1**) 화이트와인을 넣는다.
5   와인의 알코올이 날아가면 채수를 조금씩 넣어가며 익혀준다.
6   쌀알이 살짝 씹히는 정도로 익으면 다진 허브 일부와 완두콩, 아스파라거스, 그린빈스를 넣고 익힌다. 채소가 부드럽게 익으면 소금, 후추 간을 한다.

7 갈아둔 치즈와 버터를 넣고 불을 끈 후 뚜껑을 닫고 1분간 둔다.
따뜻할 때 그릇에 담고 장식용 튀긴 호박꽃을 올린다.

Risotto spinaci e capesamte

시금치 관자 리소토

예전에 레스토랑을 운영하던 시절, 군산에서 가져온 울외장아찌를 활용할 메뉴를 고민하다가 만든 요리입니다. 다소 한국스러운 식재료지만 살짝 구운 울외장아찌가 의외로 이탈리아 요리와도 잘 어울려요. 장아찌의 맛이 시금치와 치즈, 가리비와도 조화롭게 어우러져 제가 운영하던 식당의 베스트셀러 메뉴로 자리매김했던 요리랍니다. 한국의 발효 식품이 이탈리아 요리와도 참 잘 어울린다는 것을 깨달았던 순간이었지요.

(1인분)

재료	쌀 100g, 다진 양파 1TS, 울외장아찌 20g, 가리비 또는 키조개 관자 1개, 채수 600~700ml, 그라나 파다노 치즈(갈아둔 것) 2TS
	시금치 페스토 데친 시금치 100g, 레몬 소금 1ts, 마늘 페이스트(45쪽 참고) 1ts, 올리브오일 50ml~, 후추 약간

1 울외장아찌는 겉면을 물에 씻은 다음 물기를 제거하고, 얇게 슬라이스한다.
2 관자도 얇게 슬라이스한 다음 연한 소금물에 씻어 물기를 제거한다.

3   데친 시금치는 물기를 꼭 짜고 나머지 시금치 페스토 재료와 함께 믹서에 모두 넣고 곱게 갈아준다.

4   올리브오일을 두른 팬에 손질한 관자와 울외장아찌를 넣고 앞뒤로 잘 굽는다. 구워진 관자에 살짝 소금, 후추 간을 하고, 장아찌에는 후추간을 해준다.

5   다른 팬에 올리브오일을 두르고 다진 양파를 볶다가 쌀을 넣고 볶는다.

6 쌀알이 투명해지면 화이트와인을 넣는다. 와인의 알코올이
  날아가면 채수를 조금씩 넣어가며 잘 익혀준다.
7 쌀알이 살짝 씹히는 정도로 익으면 시금치 페스토 1~2TS를 넣고
  섞는다.
8 불을 끈 후 그라나 파다노 치즈를 넣고 잘 섞어준다.
9 접시에 리소토를 담고, 구운 가리비와 울외장아찌를 올려
  마무리한다.

Gnocchi di zucca

단호박 뇨키

이탈리아 북부 롬바르디아 지역은 호박이 풍부하게 생산되는 지역이라 다양한 호박 레시피가 발달했어요. 치즈와 호박이 만나 완성된 이 뇨키는 이탈리아 북부의 맛을 그대로 옮겨놓은 듯합니다. 쌀쌀한 계절이 되면 진한 크림소스에 버무려진 호박 뇨키의 맛이 절로 생각이 나는데요, 진한 레드와인 한 잔을 곁들이면 한 그릇만으로도 훌륭한 안주이자 만족스러운 한 끼가 된답니다.

뇨키 만들기

(2인분)

재료	껍질 벗긴 단호박 200g, 밀가루(중력분 또는 강력분) 50g, 그라나 파다노 치즈(갈아둔 것) 15g, 달걀 1개, 전분 1TS, 소금 약간, 덧밀가루용 세몰리나 약간

1 단호박은 적당한 크기로 잘라 200도로 예열한 오븐에서 푹 익을 때까지 구워준다. 또는 찜기에 찐다.

Tip. 뇨키는 수분이 적은 편이 반죽하기에 좋으므로 호박은 되도록 수분을 적게 써서 익혀주는 것이 좋습니다.

2 잘 익은 호박을 체에 곱게 내린다.
3 호박에 소금, 그라나 파다노 치즈, 달걀, 전분, 밀가루를 넣고 잘 섞어준다.
4 반죽이 너무 질다면 분량 외 밀가루를 조금씩 추가한다. 완성된 반죽의 모습(**4-2**).

5 도마에 덧밀가루를 뿌리고 뇨키 반죽을 올린다.
6 반죽을 가늘고 길게 성형한 다음 한입 크기로 작게 잘라준다.

7 뇨키 반죽을 동그랗게 뭉친 다음, 뇨끼판에 굴려 모양을 내준다.
8 완성된 뇨끼는 종이 호일을 깔아둔 그릇 위에 올리고 세몰리나 가루를 묻힌다. (3시간 이상 보관 시에는 바로 냉동실에 넣는다.)

소스 만들기 & 완성하기

| (2인분)

재료 뇨키 100g, 생크림 200ml, 고르곤졸라 치즈 20g, 브리 치즈 10g, 토핑용 구운 호두 약간, 튀긴 세이지 약간

1   냄비에 소금물을 끓인다. 중약불로 줄이고 뇨키 반죽을 넣은 다음 뇨키가 떠오르면 바로 건져낸다.

2 프라이팬에 생크림, 고르곤졸라 치즈, 브리 치즈를 넣고 끓여 잘 녹여준다.
3 삶은 뇨끼를 넣고 소스와 버무리며 살짝 익힌다.
4 접시에 뇨끼를 담고 구운 호두와 튀긴 세이지를 얹어 마무리한다.

Zuppa di asparagi con gnudi

아스파라거스 누디

이탈리아어로 '벗겨진 모양(nudi)'이라는 뜻을 가진 '누디(Gnudi)'는 토스카나 지역의 뇨키입니다. 일반적으로는 시금치를 갈아 만든 누디가 대표적이지만, 이탈리아에서는 누디를 파스타 소스와 함께 곁들이기도 하고 다양한 레시피로 활용해 먹습니다.
이 요리에서는 살짝 매콤한 맛의 아스파라거스 수프를 소스 삼아 누디를 완성했어요. 부드러운 리코타 치즈의 맛과 누디가 참 잘 어우러지는 메뉴입니다.

아스파라거스 수프 만들기

재료	아스파라거스 500g, 양파 1개, 마늘 2~3톨, 바질 5g, 딜 5g, 월계수잎 1장, 무염 버터 1TS, 페페론치니 1개, 올리브오일 적당량, 소금, 후추 약간, 채수 400~600ml

1 아스파라거스는 밑둥을 제거하고 깨끗이 씻은 다음 5~6cm 길이로 자른다.
2 양파는 잘게 다지고 마늘은 편으로 썬다.
3 냄비에 올리브오일을 두르고 양파, 마늘, 월계수잎, 페페론치노, 버터를 넣고 중간불에서 양파가 노릇해질때까지 볶아준다.

4 아스파라거스를 냄비에 넣고 살짝 소금 간을 한 후 다시 한 번 볶는다.

5 채수를 넣고 중약불에서 아스파라거스가 말캉해질 때까지 뭉근하게 끓여준다.

6 아스파라거스가 부드럽게 익으면 불을 끄고 한 김 식힌 후 월계수잎은 건져내고 딜과 바질을 넣는다. 잘 익은 채소를 핸드블렌더로 곱게 갈아준다.

Tip. 매운맛을 싫어하면 페페론치노는 빼고 갈아주세요.

7 6의 액체를 다시 냄비에 넣고 끓인다. 마무리로 소금, 후추 간을 한다.

누디 만들기 & 완성하기

(2~3인분)

재료 **누디 반죽** 리코타 치즈 250g, 밀가루(중력분) 70g, 달걀 1개, 파르미지아노 레지아노 치즈(갈아둔 것) 3~4TS, 레몬 제스트(레몬 1개 분량), 넛맥 약간, 후추 약간

아스파라거스 수프 적당량, 장식용 아스파라거스 약간, 래디시 약간, 딜 약간

1-1

1 볼에 누디 재료를 모두 넣고 잘 섞어준다. 반죽을 한 덩어리로 부드럽게 뭉친다. 완성된 반죽(**1-2**).

2 분량 외 덧밀가루를 준비하고 반죽을 동그랗게 빚는다.
3 끓는 소금물에 누디 반죽을 넣는다. 반죽이 떠오르면 약 30초~1분 정도 더 익힌 후 조심스럽게 건져낸다.
4 그릇에 아스파라거스 수프를 담고 누디를 얹는다. 장식용 아스파라거스와 래디시, 딜을 올려 마무리한다.

Tip. 누디는 다양한 파스타 소스와도 잘 어울려요. 익히는 시간에 따라 부드럽거나 단단한 누디를 맛볼 수 있답니다.

나를 키우는 시간,
농장 이야기

La storia della fattoria.

양평 '자란다팜'

농장과의 첫 만남

이탈리아에서 유학을 하던 시절, 요리학교 수업에서 토스카나 지역의 농장을 방문하는 일이 종종 있었습니다. 아마 그때부터 저는 식재료를 농장에서 직접 만나는 일에 대해 흥미를 가지게 된 것 같아요. 한국으로 돌아온 후에는 '마르쉐'라는 도심형 파머스 마켓을 만나게 되었고, 그렇게 마르쉐와 인연을 맺은 지도 벌써 10년이 되어 가네요. 처음에는 출점팀으로 참가를 하면서 함께 참여한 농부님들과 소통을 하기 시작했어요. 농부님들과 작물에 대한 이야기를 나누면서 큰 공부가 되었는데, 결국 이러한 모든 것들이 저를 농장으로, 밭으로 이끌게 된 것 같아요.

저의 첫 농사는 누구나 한 번씩은 해본다는 베란다 텃밭이었습니다.
하지만 몇 개의 허브를 심고 마는 데 그쳐, 그 이후에는 아파트의 옥상
텃밭을 신청했어요. 하지만 그 텃밭은 제가 작물을 직접 고를 수도
없었던 탓에 그저 상추만 부지런히 키워 뽑아먹었던 기억이 나네요.
이후로도 텃밭에 대한 저의 깊은 갈망은 계속되어 텃밭에 관련된
다양한 정보들을 공부하러 다니곤 했습니다. 당시에는 이러한 과정이
나중에 저만의 텃밭을 만드는 데 큰 도움이 될 것이라고 생각했는데,
결론적으로는 기대에 크게 미치지 못했던 것 같아요. 이후 양평
부용리에 5평짜리 텃밭을 빌려 친구들과 함께 열심히 일궈보려고
했지만, 당시 운영하고 있던 식당 일에 치여 결국 정글이 되었던
기억만이 남아 있습니다. 지금 생각하면 오로지 열정만 가득한 채
'일단 부딪히면서 해보면 어떻게든 되겠지'라는 마음이었던 것 같아요.
그 사이 마르쉐에서 만난 농부님들과 지속적으로 교류를 하면서,
농부님들의 밭에도 가끔 한 번씩 방문하게 되었습니다. 저 혼자서
동동거리며 밭을 일구는 것보다는 경험이 훨씬 많은 농부님들께 일을
배우는 편이 더 좋다는 걸 깨달았죠. 운영하던 이탈리아 식당을 그만둔
후에는 농장 공부를 핑계 삼아 적어도 일주일에 1번씩은 양평에 위치한
자란다팜 농부님밭에서 다양한 농사일과 밭일을 배우게 되었고, 어느덧
3년이 훌쩍 지나갔네요.

채소의 맛

제가 밭에 머무르는 시간은 농부님들에 비하면 아주 적지만, 몇 년이 흘러 어느새 제가 다룰 수 있는 작물들도 점점 많아지고, 식재료에 대해서도 좀 더 넓은 시야를 가지게 되었습니다. 밭에 갈 때마다 '올 한 해는 어떤 채소로 어떤 요리를 할까?'라는 생각으로 머릿속이 꽉 차곤 합니다. '작년에는 이 작물이 많이 남았었는데', '맛이 이랬었는데', '이걸 이번에는 저렇게 써볼까?', '이번에는 이런 요리를 해봐야겠다'라는 아이디어도 퐁퐁 솟아납니다.

밭에서의 이러한 경험은 제가 채소 요리를 연구하는 데도 큰 도움이 됩니다. 평소 생활에서도 이전보다 더 많은 채소를 섭취하게 되었고, 예전에는 안 먹던 채소들을 맛있게 먹게 되는 마법 같은 일들도 일어나게 되었죠. 또한 채소의 잎뿐만 아니라 줄기나 씨앗, 꽃, 심지어 식물 뿌리까지 어떤 요리로 만들 수 있을지 직접 만져보고 먹어보고 들여다 보게 되었습니다. 그렇게 작물이 커가는 과정을 지켜보며 마트에서는 보지 못했던 순간들을 하나하나 맛보고 눈으로 담습니다. 어린 채소의 맛, 꽃을 피우는 시기의 맛, 그리고 월동을 하는 모습까지 지켜보면 새삼 대단한 뿌리의 힘에 감탄을 하게 되지요. 그러면서 평소에 알지 못했던 작물의 새로운 맛과 모습을 발견하게 되니, 요리사로서도 무척 흥분되는 순간이기도 합니다.

밭과 자연이 주는 것들은 우리에게 조금 더 많은 인내심과 체력을 요구하지만, 이러한 과정을 통해 더 건강하고 맛있는 작물들을 선사해줍니다. 그리고 그 속에서 조금 더 관대해진 저를 발견할 수 있어요. 벌레와 조금 나눠 먹어도, 모양이 조금 이상해도, 맛에 이상이 없다면 다 괜찮다는 조금은 너그러운 마음도 생깁니다. 예전의 까다로운 저와 비교한다면 상상도 못 했을 일이지만, 확실한 것은 밭에서 바로 따서 먹는 채소의 맛은 언제나 기대 이상이기에 어떤 번거로움이나 귀찮음도 기꺼이 이겨낼 수 있다는 생각이 들어요. 그런 저를 발견할 때마다 '밭과 내가 함께 자라는구나!' 하는 생각을 하게 됩니다.

늘 감사한 양평의 '자란다팜',
꽃일하는 제본가 '아스튜디오'와 함께
일주일의 하루를 보냅니다.

농장의 사계절

농장의 하루는 꽤 이른 새벽부터 시작됩니다. 작물을 따고 풀을 뽑거나 퇴비 만들기, 흙 엎어주기, 씨앗 모종내기, 지지대 만들기 등 계절에 따라 날씨에 따라 작물에 따라 해야 할 일들이 다 다르죠.
매년 봄은 농장에서 돌 고르기와 땅을 일구는 작업을 할 때입니다. 풍성하던 밭도 초겨울이면 모든 수확이 끝나고, 봄이 되면 처음부터 다시 시작해야 하는 일들이 많아지지요. 씨앗을 틔워 모종을 내고, 밭을 다시 일구고, 잡초도 베어내고, 일 년의 농사를 계획합니다. 매년 이러한 작업을 할 때마다 작년 한 해의 저를 새삼 돌아보게 됩니다. 이런저런 생각을 하면서 열심히 돌을 고르고 씨앗을 심다 보면 어느새 땅에는 새싹이 돋아납니다.
시간이 흘러 이른 아침에 맺힌 이슬이 채 떨어지기가 무섭게 정오가 되기 전부터 햇살이 부쩍 강해지는 계절이 오면, 풀 베는 시간이 더 잦아집니다. 초록이라고는 찾아보기도 힘들던 겨울과 봄의 밭이 짙은 초록색으로 물들기 시작합니다. 초록이 한창인 계절에는 일하는 시간이 조금 더 빨라지고, 줄어듭니다. 한 시간만 작업을 해도 땀이 비 오듯 쏟아지거든요. 물론 가끔씩 힘들다고 생각하는 순간도 있어요. 체력도 매년 예전 같지 않지만 그래도 이제는 감자와 마늘은 제법 잘 캘 수 있다는 자신이 생겼습니다.
농사일이 언제나 뜻대로 되는 건 아닌지라 벌레나 산짐승들이 밭에 먼저 다녀가면 캘 작물이 별로 남아 있지 않을 때도 있습니다. 그런 상황을 겪고 나면 그저 캘 수 있고, 딸 수 있는 작물이 있는 것만으로도 감사하는 마음을 가지게 되지요. 밭에 자주 나가다 보니 작물에 대한 이해도도 더 높아졌지만, 무엇보다 '뭐든 뜻대로 다 되는 일은 없구나'라고 생각하게 되는 일이 많아졌어요. 그러니 수확한 작물 하나하나가 더 소중하고 감사해집니다. 가뭄 속 단비도, 장마 속 한 줄기 햇빛도 다 자연이 알아서 주는 것이니까요.

가끔씩은 농부가 아닌 저도 이렇게 속상할 정도인데, 농부님들의 마음은
오죽할까 싶은 시간들이 1년에도 여러 차례 지나갑니다. 그럼에도
묵묵히 버텨주시는 농부님들께 감사한 마음뿐입니다. 그러다 간간히
땀을 식혀줄 바람이 불어오면 어느덧 처서가 지나는 시기입니다. 여전히
밭은 쉼 없이 돌아가고, 가을이 적기인 무와 배추 등을 심을 때지요.
올해 적당한 장마와 가뭄이 다녀갔다면 자연은 가을에 풍성하게 수확할
먹거리를 내어줄 것이고, 그렇지 않다면 수확할 거리가 별로 많지 않을
수도 있어요. 깨와 콩, 벼를 거둬들이고 뜨거운 가을 햇빛에 말립니다.
마트에서 쉽게 살 수 있는 작물들이 아닌 그저 자연의 흐름대로
주어지는 작물이기에 더욱 귀하게만 느껴집니다.
밭의 작물들은 뿌리부터 씨앗까지, 심지어 잡초 하나도 버릴 것이
없습니다. 밭에서 온 것들의 대부분이 다시 밭으로 돌아가지요. 베어낸
잡초나 버려진 채소들을 발효시키면 천연 퇴비가 되어 다시 땅을
건강하게 하는 밑거름이 됩니다. 이러한 과정에서 우리는 자연스럽게
탄소 배출을 줄이고 있습니다. 작물을 키우는 일로 지구에 작은 보탬이
될 수 있다니 참 멋진 일입니다.
땅과 작물과 나누는 대화, 바람의 소리, 나무의 향기를 듣고, 맡고, 만지며
그렇게 농장에서의 한 해를 보냅니다. 비록 매일의 일상이 아닌 일주일
중 하루, 단 몇 시간의 일들이지만 덕분에 더 많은 것들을 보며 삶을
깨닫게 되는 시간입니다.

4장
메인 요리

Arista di maiale con salsa di pistacchi

봄나물 소스와 돼지등심 스테이크

봄나물과 어우러지는 고소한 피스타치오의 맛이 돼지고기와 참 잘 어울리는 메뉴입니다. 고기에 잎마늘이나 산마늘을 구워 곁들이면 맛이 더욱 다채로워진답니다. 발사믹 식초를 넣어 만든 이탈리아식 스테이크 요리를 응용해서 만든 레시피로, 소고기로 만들어도 무척 잘 어울린답니다.

(1인분)

재료 두툼한 스테이크용 돼지 뼈등심 1개, 소금, 후추 약간, 가니시용 산마늘 또는 잎마늘 약간
고기용 마리네이드 올리브오일 20ml, 발사믹 비니거 1TS, 소금, 후추 약간
피스타치오 소스 올리브오일 2TS, 발사믹 비니거 1TS, 다진 샬롯 1/4개, 다진 피스타치오 15g, 달래와 고수 (합해서) 5g, 소금, 후추 약간

1 돼지 등심은 앞뒤로 소금, 후추 간을 해서 잠시 둔다.
2 마리네이드 재료는 볼에 한데 넣고 잘 섞어둔다.
3 작은 볼에 올리브오일을 제외한 피스타치오 소스 재료를 모두 넣고 잘 섞는다.
4 마지막으로 올리브오일을 넣고 잘 섞어 소스를 완성한다.

5   달군 팬에 돼지고기를 올리고 마리네이드액을 발라 가며 앞뒤로
    노릇하게 굽는다. 가니시용 산마늘(또는 잎마늘)도 함께 구워준다.
Tip. 잘 구워진 돼지고기 스테이크의 내부 온도는 **58~60도** 사이여야 한다.
6   익힌 고기를 바트에 올리고 호일을 덮어 5~10분 정도 잠시
    둔다(레스팅).
7   스테이크를 그릇에 담고, 산마늘과 잎마늘, 소스를 얹어서
    완성한다.

Spezzatino

소고기 감자 스튜

이탈리아식 스튜인 '스페짜티노'는 이탈리아 전역에서 즐겨 먹는 요리입니다. 지역에 따라 들어가는 재료들이 달라지는데, 어떤 지역은 소고기 대신 양고기나 멧돼지 고기를 사용하기도 해요. 저는 햇감자와 완두콩을 넣은 오리지널 버전을 가장 좋아합니다. 부드러운 감자의 맛과 중간중간 씹히는 콩의 식감을 동시에 즐길 수 있고, 스튜의 맛도 너무 무겁지 않거든요. 만드는 사람의 취향에 따라, 계절에 따라 다양한 야채를 넣고 만들어도 무척 좋은 메뉴랍니다.

(1인분)

재료 소고기 채끝 등심 350g, 감자 1~2개, 완두콩 1/2컵, 스노우피 약간, 양파 1/4개, 로즈마리 약간, 세이지 약간, 화이트와인 120ml, 채수 700ml~1L, 레몬 소금 1TS, 올리브오일 적당량, 소금, 후추 약간, 토핑용 다진 파슬리 약간

1 채끝 등심은 굵직한 사각형으로 자른 다음 레몬 소금, 후추 간을 한다.
2 감자는 껍질을 벗기고 큼직하게 자른다. 양파는 얇게 채를 썬다.
3 냄비에 올리브오일을 두르고 채 썬 양파를 넣고 투명해질 때까지 볶는다.
4 소고기 겉면에 밀가루를 살짝 묻힌 다음, 냄비에 넣고 겉면을 노릇하게 구워준다.
5 고기가 노릇해지면 화이트와인을 붓고 알코올이 날아갈 때까지 잠시 끓인다.
6 채수를 자작하게 부어준 다음 로즈마리와 세이지를 넣고 뚜껑을 닫고 끓여준다.

7 20~25분 정도 가열한 다음 감자를 넣고 다시 뚜껑을 닫고 끓인다.
   이때 소금 간을 한다.
8 국물이 졸아들면 감자가 익었는지 확인한 후 로즈마리와 세이지를
   건지고 완두콩과 스노우피를 넣고 익힌다.
9 완성된 스튜를 그릇에 담고 다진 파슬리를 올려 마무리한다.

Tip. 햇감자는 껍질이 얇아 껍질째 요리해도 좋아요.

Pollo alla birra

맥주와 햇양파를 넣은 치킨

햇양파가 쏟아져 나오는 시기에 만들면 좋은 요리입니다.
캐러멜라이즈된 양파와 닭고기를 함께 먹으면 부드럽고 고소하지요.
조리 과정에서 맥주를 부어 요리하므로 맥주의 쌉쌀한 맛이 양파의
단맛과 어우러져 저절로 맥주를 부르는 요리입니다. 취향에 따라
양파를 더 많이 추가해서 요리해도 좋습니다.

(1인분)

재료 닭다리살 4장, 베이컨 2장, 양파 2개, 마늘 2톨,
무염 버터 30g, 맥주 500ml, 월계수잎 2~3장, 로즈마리,
타임, 세이지 약간, 파프리카 파우더 약간,
올리브오일 적당량, 소금, 후추 약간

1 양파와 베이컨은 얇게 채 썰어 준비한다.
2 로즈마리, 타임, 세이지 등의 허브는 잘게 다진다.
3 닭다리살은 기름기를 제거한 다음 씻어 물기를 제거한다. 닭고기는 자르지 않고 그대로 쓴다.
4 손질한 닭다리살에 다진 허브를 넣고 소금, 후추, 파프리카 파우더를 뿌려 잠시 마리네이드한다.
5 달군 냄비에 올리브오일을 두르고 닭다리살을 앞뒤로 노릇하게 굽는다. 구워진 닭고기를 따로 건져둔다.

6 같은 냄비에 올리브오일과 버터를 넣고 양파를 갈색이 나도록 볶아준다.

7 양파가 충분히 볶아지면 베이컨을 넣고 다시 볶아준 후 맥주를 붓는다.

8   월계수잎을 넣고 뚜껑을 닫은 다음 약한불에서 약 30~40분간
    끓여준다. 상황에 따라 국물이 너무 졸았다면 물을 100ml 정도
    추가해준다.

9   완성된 요리와 양파를 그릇에 듬뿍 담아낸다.

Tip. 이 메뉴는 들어가는 맥주의 종류에 따라 맛이 달라집니다. 쌉싸름한 IPA나
     다크 맥주를 사용하면 그 맛이 요리에 남으니, 취향에 따라 마음에 드는 맥주를
     선택해주세요.

Zucchini pesto con calamari

주키니 페스토와 한치구이

'다리 길이가 한 치 정도'라고 해서 이름이 붙여진 한치는 오징어보다 감칠맛과 식감이 우수하고 쓴맛이 없어 구워 먹으면 특히 맛이 좋지요. 동해에서 잡히는 한치는 봄이, 제주에서 나오는 한치는 여름철이 제철이라, 봄과 여름에 만나볼 수 있는 대표적인 식재료입니다.
주키니와 고추를 구워 라임과 함께 한치에 곁들이면 여름철에 특히 잘 어울리는 메뉴가 됩니다.

(1인분)

재료 한치 2마리, 라임즙 약간, 소금, 후추 약간,
올리브오일 적당량, 토핑용 구운 레드 페퍼 약간
주키니 페스토 주키니 1/2개, 풋고추 또는 청양고추 2개,
민트 또는 박하 약간, 마늘 페이스트(45쪽 참고) 1ts

1   주키니는 씨를 빼고 먹기 좋은 크기로 자른다.
2   주키니, 고추, 마늘에 오일을 골고루 바르고 오븐 팬에 담는다.
     200도로 예열된 오븐에 넣고 약 15~20분 굽는다.
3   **2**의 채소에 나머지 주키니 페스토 재료와 소금, 올리브오일을 약간
     넣고 핸드블렌더로 곱게 갈아준다.

4 한치는 껍질을 벗긴 후 칼집을 내어 적당한 크기로 자른다. 한치의 몸통에는 칼집을 내준다.
5 올리브오일을 두른 팬에 한치를 앞뒤로 노릇하게 구워낸다. 잘 구워진 한치에 소금, 후추 간을 한다.
6 같은 팬에 토핑용으로 쓸 레드 페퍼도 앞뒤로 잘 구워준다.
7 접시에 주키니 페스토를 담고, 구운 한치를 올린다. 그 위에 구운 레드 페퍼를 얹고, 올리브오일을 뿌려 마무리한다.

Gamberi con salsa verde

살사 베르데를 곁들인 새우구이

이탈리아의 '살사 베르데'는 토마티요와 풋고추를 넣은 멕시코의 살사 베르데와는 이름은 같지만 전혀 다른 맛의 소스입니다. 파슬리와 케이퍼를 넣고 만들어 고기나 생선, 해산물 등 어떤 요리에 곁들여도 잘 어울리지요. 여기에 제주도의 만감류인 귤의 풍미를 더하여 새우구이를 조금 더 특별하게 만들어보았습니다.

(1인분)

재료 새우 6마리, 마늘 페이스트(45쪽 참고) 1ts, 칼라브리안 버터(47쪽 참고) 1TS, 방울토마토 5~6개, 미니 양배추 3~4개, 크러시드 레드 페퍼 1/2ts, 마무리용 귤즙 1/2개 분량, 장식용 래디시 약간
살사 베르데 이탈리안 파슬리 50g, 다진 마늘 2톨, 다진 케이퍼 2TS, 귤즙 또는 오렌지즙 50ml, 샴페인 비니거 1TS, 소금, 후추 약간, 올리브오일 50ml

3

1 새우는 등쪽에 칼집을 세로로 내어 내장을 제거한 후 깨끗이 씻어 물기를 제거한다. 소금, 후추, 마늘 페이스트, 레드 페퍼, 올리브오일을 넣고 30분 정도 마리네이드한다.
2 볼에 살사 베르데 재료를 넣고, 잘 섞어서 소스를 만든다.
3 달군 프라이팬에 오일을 두르고 반으로 자른 미니 양배추와 방울토마토를 넣고 앞뒤로 잘 구워준다.

4 달군 팬에 올리브오일을 두르고, 마리네이드된 새우를 넣는다. 앞뒤로 노릇하게 굽다가 칼라브리안 버터를 넣고 구워준다.

5 그릇에 구운 새우와 양배추, 방울토마토를 골고루 담은 후 살사 베르데를 군데군데 올려준다.

6 귤즙을 뿌리고, 장식용 래디시를 올려 마무리한다.

Aqua pazza

아쿠아 파짜

아쿠아 파짜는 '미친 물'이란 뜻으로, 생선과 함께 조리되는 수프가 엄청난 맛이라는 의미에서 붙여진 이름입니다. 옛날 어부들이 배에서 갓 잡은 생선을 조리할 때 비린 맛을 없애기 위해 다양한 향신료를 넣어 요리했다고 해요. 이러한 유래에서 착안해 제가 제주도로 요리 수업을 하러 갔을 때 제주의 생선과 제주에서 나는 향신 채소, 나물을 넣고 아쿠아 파짜를 만들었어요. 그날 요리를 맛본 모두가 열광했고, 이후 매번 봄이 되면 다양한 나물을 넣고 요리하는 저의 단골 메뉴가 되었답니다.

(2~3인분)

재료 중간 사이즈의 도미 1마리, 올리브오일 3TS, 방울토마토 100g, 마늘 2톨, 파슬리 한 줌, 봄나물(삼잎국화,원추리, 달래 등) 한 줌, 껍질콩 한 줌, 소금, 후추 약간, 올리브 6~7알, 화이트와인 100ml, 물 200ml, 장식용 허브 약간

1 생선은 내장과 비늘을 제거하고 소금, 후추, 올리브오일을 뿌려 잠시 재워둔다.
2 방울토마토는 반으로 잘라 준비하고, 파슬리와 나물은 깨끗이 씻어 먹기 좋은 크기로 잘라놓는다.
3 오븐용 그릇에 생선을 담고 방울토마토, 마늘, 파슬리, 봄나물, 올리브를 넣는다.
4 화이트와인을 붓고 물을 넣는다.

3

4-1

4-2

5   200도로 예열한 오븐에서 약 25~30분 굽는다.

Tip. 생선의 크기에 따라 굽는 시간을 조절해주세요.

6   완성된 아쿠아 파짜를 그릇에 담고, 올리브오일을 골고루 뿌린다. 좋아하는 허브를 올려 마무리한다.

Cavolfiore al forno

컬리플라워 구이

샛노란 샤프란 소스가 컬리플라워의 맛과 색을 돋우는 메뉴입니다. 컬리플라워는 통으로 데쳐서 굽거나 조각을 내어 만들어도 됩니다. 조리 방법은 무척 간단하지만 채소를 메인 요리로 내고 싶을 때 특별하게 즐기기에 제격인 메뉴입니다.

(2인분)

재료 컬리플라워 1개, 샤프란 1/2ts, 생크림 100g,
화이트와인 50ml, 밀가루(중력분) 10g,
샬롯(다진 것) 1개, 소금, 후추 약간, 식초 1TS,
무염 버터 20g, 그라나 파다노 치즈(갈아둔 것) 10g

1 컬리플라워는 먹기 좋게 조각내어 소금, 식초를 넣은 물에 살짝 데친다.
2 볼에 버터 20g과 밀가루를 넣고 손으로 뭉친다.
3 프라이팬에 무염 버터(분량 외)와 샬롯을 넣고 볶아준다.
4 와인을 넣고 잠시 끓이다가 생크림을 넣는다.

5 2의 뭉쳐진 버터 반죽을 4의 팬에 넣고 잘 풀어준다.
6 샤프란, 그라나 파다노 치즈, 소금, 후추를 넣고 걸쭉해질 때까지 저어가며 소스를 만든다.

7 오븐용 그릇에 데친 컬리플라워를 넣고 컬리플라워 위에 샤프란
  소스를 골고루 뿌린다.
8 200도로 예열된 오븐에 넣고, 약 15~20분 노릇하게 구워 완성한다.

Crostata di verdure

채소 갈레트

여름이 되면 채소를 골고루 먹어 우리 몸에 수분을 채워주는 것이 좋습니다. 채소를 따로따로 요리하면 많은 양을 먹기가 힘들지만, 조금 특별한 방법을 쓰면 많은 양의 채소를 쉽고 맛있게 섭취할 수 있어요. 빨갛게 익은 토마토, 주키니, 쌉쌀한 비트, 양파, 당근 등 남아있는 자투리 채소들을 모아 갈레트 위에 켜켜이 올린 다음 치즈와 함께 구워내면 멋진 한 끼 식사가 됩니다. 모양도 근사하고 맛도 좋아, 채소를 좋아하지 않는 누구나 저절로 반하게 되는 메뉴랍니다.

(2인분)

재료 주키니, 양파, 토마토, 비트, 당근, 감자 적당량, 스카모르차 치즈 1/2개

갈레트 반죽 밀가루(중력분 또는 박력분) 160g, 차가운 무염 버터 100g, 소금 5g, 물 50ml, 레몬 제스트 약간, 머스터드 씨 7g

콩 크림 삶은 병아리콩 50g, 당근 딥(43쪽 참고) 40g, 민트 또는 바질 5g, 레몬즙 10g, 올리브오일 20g, 소금 약간

1. 갈레트 반죽을 만든다. 반죽 재료를 푸드 프로세서에 넣고 한 덩어리로 뭉쳐지도록 섞는다.
2. 반죽을 밀봉하여 냉장고에서 1시간 휴지한다.
3. 볼에 콩 크림 재료를 모두 넣고 섞은 다음 핸드블렌더로 곱게 간다.
4. 채소는 얇게 슬라이스해서 준비한다. 치즈도 채소와 비슷한 크기로 썬다.
5. 차가워진 갈레트 반죽을 냉장고에서 꺼내 덧밀가루를 발라가며 밀대로 얇게 펴준다.
6. 갈레트 반죽 가운데에 콩 크림을 골고루 바른다.
7. 얇게 썬 야채와 치즈를 켜켜이 반죽에 올린다.

8 반죽의 끝을 오무리고, 180도로 예열된 오븐에 넣고 약 40분 굽는다.

Torta di patate e prosciutto

감자 치즈 케이크

감자가 많이 나오는 시기에 만들면 좋은 요리입니다. 포실포실하게 삶은 감자와 진한 프로블로네 치즈가 잘어우러지는 메뉴예요. 한 판으로 크게 구워내면 메인 요리로도 사이드 메뉴로도 손색이 없고, 은은하게 풍기는 펜넬 향이 입맛을 돋워 자칫 느끼할 수 있는 풍미를 질리지 않도록 해줍니다. 펜넬의 향이 익숙하지 않다면 딜이나 파슬리 같은 허브로 대체해보세요.

(3~4인분, 지름 20cm 둥근 틀 1개 분량)

재료	감자 500g, 달걀 2개, 파르미지아노 레지아노 치즈 (갈아둔 것) 50g, 무염 버터 20g, 소금, 후추 약간, 넛맥 한 꼬집, 펜넬 잎 적당량, 프로블로네 치즈 80g, 프로슈토 5장, 올리브오일 적당량, 빵가루 15g, 페코리노 치즈(갈아둔 것) 20~30g

1. 감자는 삶아서 껍질을 벗겨 으깨놓는다.
2. 펜넬 잎은 다지고 프로블로네 치즈는 작게 자른다.
3. 작은 볼에 빵가루와 페코리노 치즈, 다진 펜넬 잎을 넣고 잘 섞어둔다.
4. 볼에 으깬 감자, 파르미지아노 레지아노 치즈, 버터, 달걀, 소금, 후추, 넛맥, 다진 펜넬 잎, 프로블로네 치즈를 넣고 잘 섞는다.
5. 오븐용 그릇에 올리브오일을 골고루 바르고 **4**의 감자 반죽 절반 분량을 담은 다음 프로슈토를 넓게 얹어준다.
6. 그 위에 나머지 감자 반죽을 얹는다.
7. 반죽 위를 평평하게 다듬은 후 **3**의 빵가루를 골고루 뿌려준 후 올리브오일을 두른다.

8   180도로 예열된 오븐에서 약 15분 굽고, 200도에서 5분 정도 더
    구워준다.

Rotolo di Namul

마른 나물 로톨로

로톨로(Rotolo)는 이탈리아어로 '롤'이라는 뜻입니다. 파이 반죽 안에 재료를 넣고 감싸 돌돌 말아 만드는 메뉴예요. 신선한 식재료를 구하기 쉽지 않은 겨울철에는 말린 나물을 활용한 요리를 많이 하는데, 이 요리는 마른 나물과 스카모르차 치즈의 맛이 특히 잘 어우러지는 메뉴입니다. 파이 반죽만 미리 만들어두면 손님 초대 요리로도 근사하답니다. 집에 나물이 많이 남아 있을 때 만들어 보면 아마 색다른 나물의 맛을 발견할 수 있을 거예요.

(4인분)

재료 말린 고사리 10g, 말린 취나물 10g, 말린 호박 10g, 버섯 30g, 마늘 페이스트(45쪽 참고) 2ts, 양파 1/2개(채 썬 것), 토마토 1/2개, 스카모르차 치즈 1/2개, 파르미지아노 레지아노 치즈(갈아둔 것) 10g, 빵가루 10g, 달걀물 적당량
퍼프 패스트리 반죽 무염 버터 125g, 박력분 75g+98g, 물 60ml, 소금 1g

퍼프 패스트리 만들기

1 버터와 박력분 75g을 푸드 프로세서에 넣고 뭉쳐지도록 잘 섞는다.
2 1의 버터 반죽을 비닐에 넣고, 사각형으로 평평히 펴준 후 냉장고에 약 30분 차갑게 둔다.
3 볼에 박력분 98g, 물, 소금을 넣고 표면이 매끄러워질 때까지 반죽한다.
4 반죽을 냉장고에 넣고 30분간 휴지한다.
5 휴지한 밀가루 반죽을 밀대로 밀어 넓은 사각형 형태로 편다.

6 2의 버터 반죽을 꺼내어 밀대로 얇게 펴준다.
7 5의 밀가루 반죽 가운데에 사각형 버터 반죽을 올리고, 잘 감싼다.
8 양쪽으로 길게 밀어 펴준 후 3등분하여 접는다. 냉장고에서 30분 휴지한다.
9 반죽을 꺼내어 다시 양쪽으로 길게 밀어준 다음, 냉장고에서 30분 휴지한다.
  같은 과정을 2번 더 반복한다. 마지막에는 반죽을 냉장고에서 약 60분 휴지한다.
10 완성된 반죽을 꺼내어 밀대로 30×40cm의 직사각형으로 민다. 반죽의
  울퉁불퉁한 테두리를 깔끔하게 잘라내고 사용한다.

로톨로 만들기

1. 말린 나물은 하룻밤 충분히 불린다. 고사리는 15분 정도 삶고 나머지 나물은 10분 정도 삶아서 준비한다.
2. 삶은 나물은 적당한 크기로 잘라 소금, 후추 간을 하여 볶아준다.
3. 나물을 볶고 난 후 같은 팬에 버섯과 양파도 소금, 후추 간을 하여 볶는다.
4. 토마토와 스카모르차 치즈는 얇게 슬라이스하여 준비한다.
5. 퍼프 패스트리 반죽을 최대한 얇게 민 다음 종이 호일 위에 올린다.
6. 그 위에 스카모르차 치즈, 볶은 나물, 버섯과 양파, 토마토를 순서대로 올린다.

7 　토마토 위에 빵가루와 파르미지아노 레지아노 치즈를 뿌린다.

8 　채소 위에 스카모르차 치즈를 다시 한 번 올리고, 반죽을 덮는다. 반죽의 양 끝을 잘 붙여 마무리한 후 윗부분에 달걀물을 바른다.

Tip. 달걀물을 바른 반죽 표면에 칼등으로 예쁘게 격자 모양을 내주세요.

9 　200도로 예열된 오븐에서 약 30~35분 굽는다.

10　골고루 잘 익었는지 확인한 후 꺼내어 한 김 식힌다. 따뜻할 때 잘라서 서브한다.

Tip. 퍼프 패스트리 반죽은 처음에 3절 접기를 할 때 모양이 예쁘지 않아도 됩니다. 접기를 반복하면서 모양을 다듬어주세요.

　　 오븐의 컨벡션 기능을 이용하면 좀 더 맛있게 로톨로를 구울 수 있어요.

　　 마른 나물은 여기서 쓰인 것 외에도 다양한 종류를 활용해도 좋습니다.

5장
디저트

Torta di ricotta e pere

배 리코타 치즈 케이크

이탈리아에서는 크림치즈 대신 일반적으로 리코타 치즈를 더 많이 사용합니다. 그래서 리코타 치즈을 넣은 디저트도 많이 만드는데요, 여기에 한국의 식재료를 더해 완성한 케이크입니다. 이 케이크에 들어가는 배 절임은 반죽에 넣어도 좋지만 샐러드나 디저트로 먹어도 좋답니다. 케이크에서 풍기는 은은한 스타 아니스의 향 덕분에 커피나 진한 레드와인, 위스키 같은 술과도 잘 어우러지는 메뉴예요.

(4인분, 지름 18cm 케이크틀 1개 분량)

재료 배 300g, 달걀 82g, 설탕 50g, 무염 버터(녹인 것) 50g, 리코타 치즈 75g, 바닐라 익스트랙 1ts, 통밀가루 또는 중력분 85g, 베이킹파우더 4g, 아몬드가루 10g, 다크 초콜릿 50g
와인 시럽 화이트와인 250ml, 설탕 90g, 스타 아니스 1~2개, 레몬 껍질 약간(레몬 1/2개분)

1 냄비에 분량의 와인 시럽 재료를 모두 넣고 끓인다. 배는 껍질을 깎아서 적당한 크기로 자르고, 뜨거운 와인 시럽에 미리 담가 완전히 식을 때까지 둔다.
2 리코타 치즈는 면보에 받쳐 2~3시간 정도 물기를 뺀다. 초콜릿은 잘게 다진다.
3 볼에 달걀과 설탕을 넣고 거품기로 뽀얗게 될 때까지 젓는다.
4 녹인 버터를 조금씩 넣어가며 부드러운 크림 상태가 되도록 잘 섞는다.

5 리코타 치즈를 넣고 덩어리가 뭉치지 않도록 거품기로 잘 섞는다.
6 아몬드가루와 밀가루, 베이킹파우더, 바닐라 익스트랙, 다진 초콜릿를 넣고 잘 섞어준다.
7 시럽에 담근 **1**의 배를 건져서 얇게 썬다.
8 배의 1/3 분량을 **6**의 반죽 속에 넣고 잘 섞는다. 배를 담가두었던 시럽은 따로 보관해둔다.

9 케이크틀에 반죽을 담고 윗면을 평평하게 정리한다. 배의 2/3 분량을 케이크 반죽 위에 가지런히 둘러 올린다.
10 190도로 예열한 오븐에서 약 40~50분 굽는다. 중간에 팬을 돌려가며 굽다가 180도에서 20분간 더 구워준다.
11 오븐에서 꺼낸 케이크가 뜨거울 때 8의 배 시럽을 붓으로 골고루 발라준다.
12 취향에 따라 크림이나 아이스크림을 곁들여 먹는다.

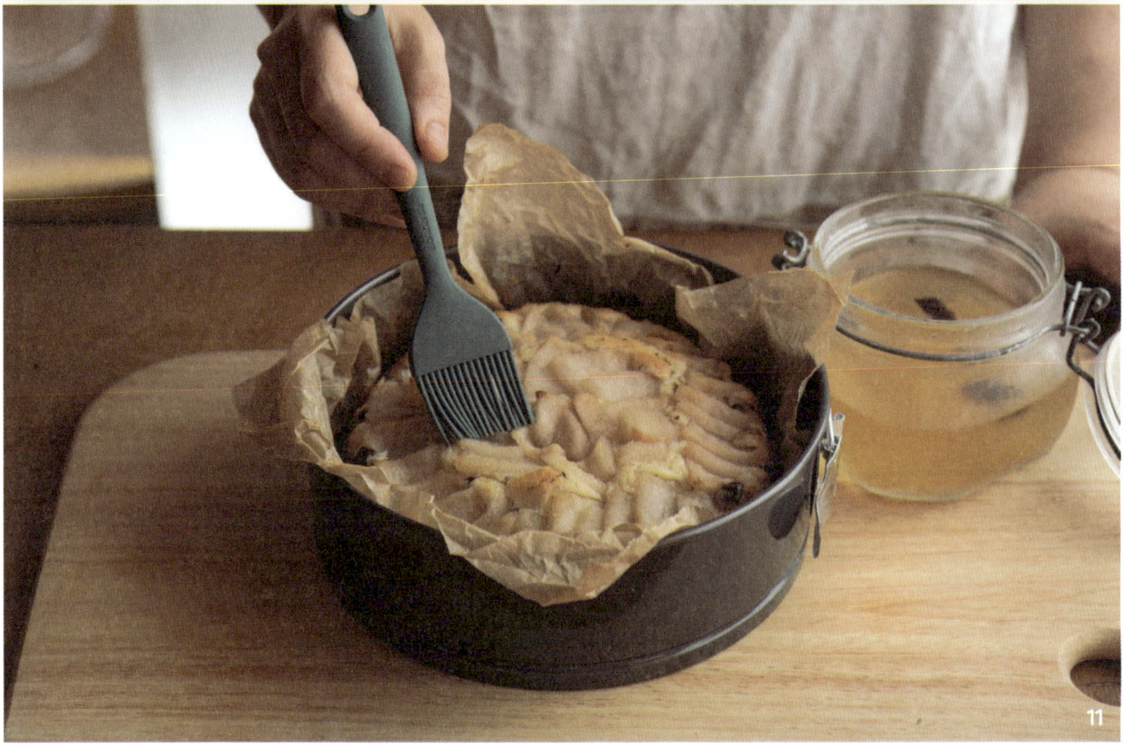

Tip. 배를 담가두었던 시럽은 샐러드 드레싱이나 다른 요리에 활용해도 좋아요.
이 케이크는 따뜻할 때도 좋지만, 차갑게 해서 먹어도 좋습니다. 와인이나 위스키를 곁들이면 특히 잘 어울려요.

Semifreddo al albicocche

살구 세미프레도

어릴 적의 기억을 떠오르게 하는 과일인 살구는 새콤한 맛이 매력적이지요. 그런 살구의 맛을 마스카르포네 치즈가 부드럽게 감싸면 누구나 좋아하는 맛의 세미프레도가 됩니다. 세미프레도는 '반쯤 얼렸다'는 뜻으로, 계속해서 반죽을 얼리며 작업해야 하는 젤라또와는 다르게 젤라또 기계가 없는 가정에서도 쉽게 만들 수 있는 이탈리아 디저트입니다. 원하는 모양 그대로 미리 굳혀서 준비해놓으면 언제든 간단하게 꺼내 즐길 수 있답니다.

(30 x 6 x 6cm 파운드케이크 틀 1개 분량)

재료 살구 175g, 사과즙 50ml, 설탕 25g+20g, 달걀노른자 1개, 마스카르포네 치즈 60g, 생크림 70g, 레몬 제스트 약간, 피스타치오 약간(선택), 장식용 베리류, 박하 또는 민트 적당량

1 살구는 씨를 빼고 반으로 잘라 손질한다.
2 뚜껑이 있는 소스팬에 살구, 사과즙, 설탕 25g을 넣고 설탕이 녹을 때까지 약한 불에서 잠시 끓인다.
3 설탕이 녹으면 장식용으로 쓸 살구 3조각을 물러지기 전에 건져놓는다.
4 나머지는 핸드믹서로 곱게 갈아 퓌레를 만든 다음 차갑게 식힌다.
5 볼에 달걀노른자와 나머지 설탕 20g을 넣고, 끓는 물이 있는 냄비에 중탕하면서 크림색이 될 때까지 휘핑한다.

6 휘핑된 달걀에 생크림과 마스카르포네 치즈를 넣고 잘 섞어준다.
7 4의 살구 퓌레를 반죽에 넣고 조심히 섞어준다(살구 퓌레를 다 넣지 말고 조금 남겨놓는다). 레몬 제스트, 피스타치오(선택)를 취향에 따라 넣고 잘 섞어 반죽을 완성한다.
8 낮은 파운드케이크 틀에 꼼꼼하게 랩을 깔아준다. 미리 건져둔 살구를 틀 바닥에 놓는다.

9-1

9-2

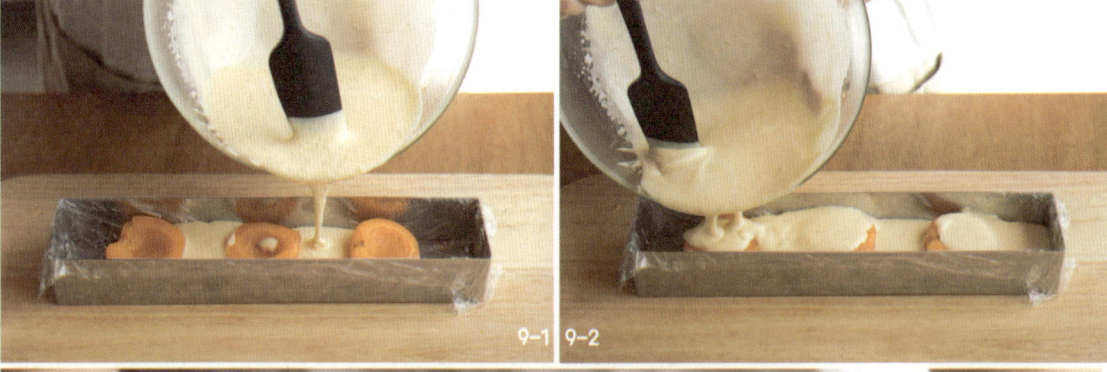

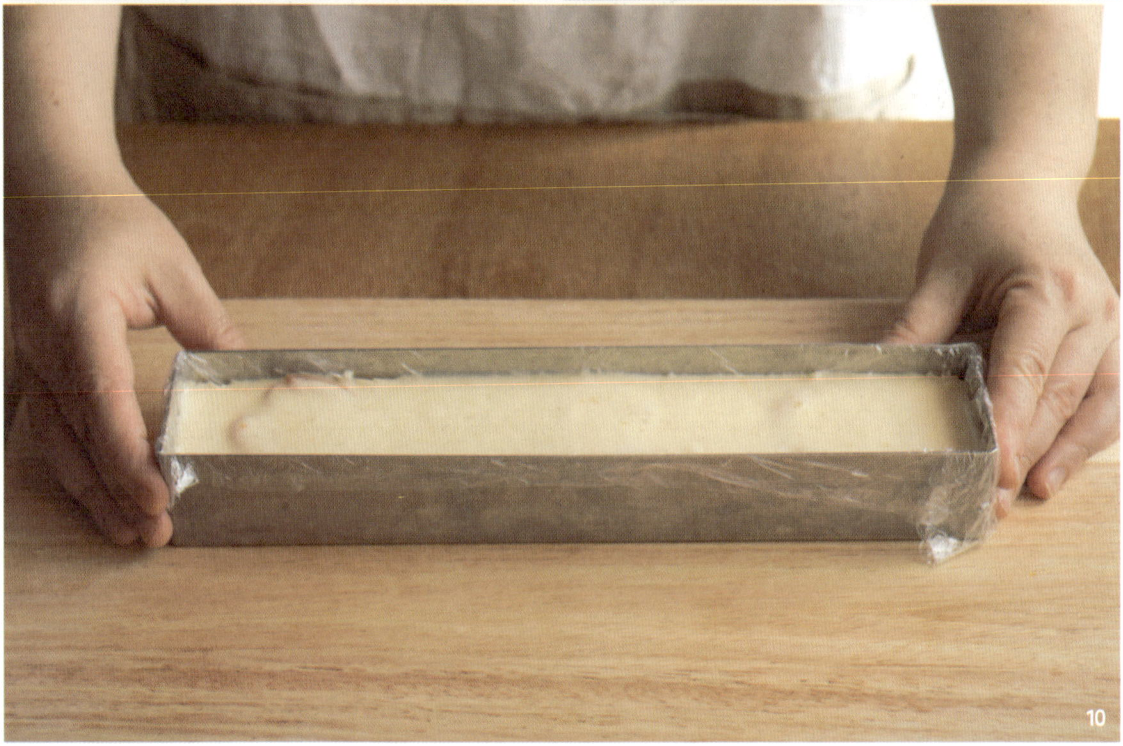

10

9 반죽의 절반 분량을 틀에 먼저 부은 다음, 다시 남은 절반 분량을 조심스럽게 부어준다.

10 윗면을 평평하게 한 후 냉동실에서 4~8시간 정도 얼린다.

11 냉동실에서 꺼낸 세미프레도는 틀에서 꺼내 랩을 벗긴다.

12 그릇에 담고 남겨둔 살구 퓌레, 베리, 민트 등으로 장식하여 완성한다. 먹을 때는 칼로 잘라서 차갑게 서빙한다.

Tip. 피스타치오는 굵게 다져 넣어 세미프레도 안에서 씹히는 맛으로 즐겨도 좋고, 윗면에 장식용으로 뿌려 먹어도 좋습니다.

Pizzicotti alle mandole

피치코티

피치코티는 시칠리아 지역의 아몬드로 만든 이탈리아 디저트입니다. 아몬드와 레몬으로 만드는 기본 버전부터 잣 또는 아마레토, 잼을 곁들이는 다양한 버전이 있답니다. 피치코티는 '꼬집다'라는 뜻으로, 동그랗게 반죽을 빚은 다음 위를 꼬집어서 완성하는 디저트라서 붙여진 이름이지요. 레몬의 껍질부터 즙까지 모두 활용할 수 있고, 특히 달걀흰자가 남았을 때 유용한 레시피랍니다. 넉넉히 만들어 유리병에 가득 담아두고 간식으로 하나씩 꺼내 먹어도 좋아요.

(약 15~16개 분량)

재료	아몬드가루 250g, 설탕 120g, 달걀흰자 60g, 레몬즙 20g(레몬 1/2개 분량), 레몬 제스트 약간, 슈거파우더 적당량

1 아몬드가루는 체에 치고, 설탕과 함께 잘 섞어둔다.
2 레몬즙과 레몬 제스트를 넣는다.
3 달걀흰자를 넣고 주걱으로 잘 섞어준다. 반죽이 한덩어리로 뭉쳐지도록 한다. 완성된 반죽(**3-2**)
4 반죽을 약 10~12g씩 떼내어 작은 볼 형태로 빚는다.

5   바트에 슈거파우더를 넉넉히 담고, 동글동글하게 빚은 반죽을 굴려준다.
6   오븐 팬에 반죽을 하나씩 올린 다음, 끝을 손가락으로 살짝 꼬집어서 모양을 만든다.
7   180도로 예열한 오븐에서 약 10~15분간 윗부분이 살짝 갈색이 나도록 구워준다.

Tip. 100% 아몬드가루를 이용해 만들어야 맛있답니다.

Salume di cioccolato

초콜릿 살라미

이탈리아의 살라미 모양을 응용해 만든 디저트입니다.
미리 만들어두면 겨우내 조금씩 잘라 와인 안주나 파티 요리의
디저트로 즐기기 좋아요. 살라미 안에 들어가는 재료는 호두나 아몬드,
크랜베리 등 취향에 따라 다양하게 넣어 만들어보세요.

(지름 5cm 원통형 1개 분량)

재료 다크 초콜릿(카카오 함량 70%) 200g, 무염 버터 100g,
럼 15g, 슈거파우더 50g, 비스킷 70g, 피스타치오 또는
호두 50g, 당절임 유자 또는 오렌지필 20g,
마무리용 슈거파우더 30g

1 초콜릿을 볼에 담고 중탕으로 잘 녹인다.
2 따뜻하게 녹인 초콜릿에 슈거파우더, 버터, 럼을 넣고 매끄럽게 잘 섞어준다.
3 2의 초콜릿이 조금 식으면 작은 조각으로 잘라둔 비스킷과 피스타치오, 당절임 유자를 넣고 잘 섞는다.
4 종이 호일위에 반죽을 긴 원통형으로 올린다.

5 공기가 들어가지 않도록 주의하면서 돌돌 말아준다.
6 호일 양 끝을 오무려 매듭을 짓고, 그대로 냉장고에서 2시간 정도 굳힌다.

7   바트에 슈거파우더를 뿌린 다음, 굳은 초콜릿 반죽을 굴려 가며
    슈거파우더를 골고루 묻힌다.
8   완성된 초콜릿 살라미를 깨끗한 종이 호일에 돌돌 말아 냉장고에서
    보관한다. 먹기 전 실온에서 10~15분 정도 해동한 후 잘라서
    서빙한다.

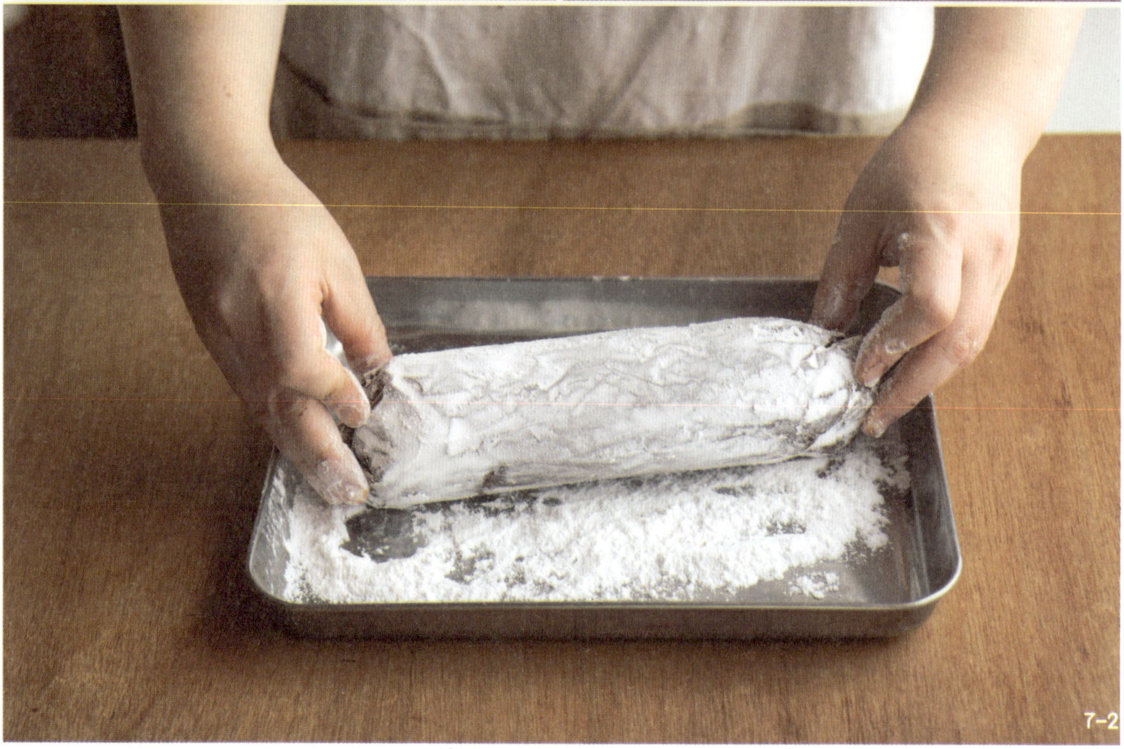

Tip. 초콜릿 반죽이 너무 뜨거우면 반죽의 모양 잡기가 어렵습니다. 초콜릿이 너무
녹았다면 여름철에는 냉장고에 넣어 살짝 굳힌 후에 모양을 잡아주세요.

Graffe di Napoletane

나폴리식 감자 도넛

이탈리아 남부에서는 감자가 빵이나 디저트에도 다양하게 활용되는데요, 그중 하나가 바로 도넛입니다. 포근포근한 감자를 삶아 밀가루를 섞어 만드는 나폴리식 도넛은 설탕이 적게 들어가 담백한 맛을 즐길 수 있어, 단맛을 싫어하는 사람들도 좋아하는 간식입니다. 가볍고 폭신한 식감에 남녀노소 즐길 수 있는 부드러운 맛이 특징이에요. 달콤한 맛을 좋아하는 편이라면 백설탕을, 적은 단맛을 원한다면 비정제 설탕을 사용해서 만들어보세요.

(약 6~7개 분량)

재료 삶은 감자 100g, 강력분 130g, 달걀 1개, 설탕 30g, 실온 상태의 무염 버터 30g, 레몬 제스트(레몬 1/2개 분량), 소금 2.5g, 꿀 8g, 튀김용 기름 적당량, 마무리용 설탕 적당량
모반죽 강력분 32g, 인스턴트 드라이 이스트 2g, 우유 40g

1 볼에 모반죽 재료를 모두 넣고, 거품기로 잘 풀어 따뜻한 곳(24~28도)에서 약 1시간 발효한다.
2 감자는 소금을 넣은 끓는 물에 껍질째 삶고, 익으면 껍질을 벗겨 으깨둔다.
3 볼에 으깬 감자, 달걀, 설탕, 버터, 레몬 제스트, 소금, 꿀을 넣고 잘 섞어준다.
4 3에 체에 친 밀가루와 모반죽을 넣고 잘 섞는다.

5   반죽이 한 덩어리로 뭉쳐지면 랩을 씌워 따뜻한 곳에서 약 2시간 발효한다.

6   종이 호일을 작게 잘라 여러 장 준비한다. 발효가 완료된 반죽을 60g씩 떼어내어 동글동글하게 빚은 다음, 가운데 구멍을 뚫어 링 형태로 만든다. 성형이 완료된 반죽을 종이 호일 위에 하나씩 올린다.

7   튀김용 팬에 기름을 넣고, 약 160~170도까지 온도를 올린다.

8 도넛 반죽을 호일째 냄비에 넣고, 잠시 떠오를 때까지 기다렸다가 앞뒤로 돌려가며 노릇하게 튀겨낸다.

9 잘 튀겨진 도넛을 건지고 뜨거울 때 바로 설탕이 담긴 바트에 넣고 굴려서 완성한다.

Tip. 이 도넛은 기름의 온도가 너무 높지 않은 상태에서 튀겨야 겉이 타지 않고 속까지 잘 익으니 주의하세요.

Pepperoni sott'oilo

파프리카 절임

만들어두면 두루두루 활용도가 좋은 파프리카 절임은 어떤 요리와도 잘 어울리는 사이드 메뉴예요. 샐러드나 파스타, 채소 요리와 곁들여 먹거나 믹서에 곱게 갈아서 소스로도 활용해보세요.

> **재료** 파프리카 노랑, 빨강 각 1개씩, 셰리 비니거 10ml,
> 올리브오일 50~60ml, 타임 약간

1. 파프리카는 통째로 그릴망에 올려서 겉을 까맣게 태워준다.
2. 태운 파프리카를 볼에 담고 랩을 씌워 약 15분 정도 둔다.
3. 식은 파프리카의 표면을 키친타올로 살살 벗겨낸다.
4. 꼭지와 안쪽에 있는 씨는 긁어내거나 물로 씻는다. 손질된 파프리카를 키친타올로 닦아 물기를 제거한다.
5. 볼에 파프리카, 타임, 셰리 비니거를 넣고 잘 섞어서 30분 정도 마리네이드한다.
6. 소독한 병에 파프리카를 옮겨 담고 윗면을 올리브오일로 채워준다.

Melanzane sott'olio

가지 절임

껍질을 벗긴 가지의 뽀얀 속살로 만드는 가지 절임은 샌드위치나 샐러드 등 다양한 요리에 활용이 가능합니다. 물론 접시에 담아 그대로 먹어도 훌륭한 맛이지요.

재료	가지 4~5개, 화이트와인 1L, 화이트와인 비니거 500ml, 소금 2TS, 월계수잎 1장, 통후추 3~4알
	절임액 마늘 3~4개, 페페론치니 1~2개, 통후추 3~4알, 민트 약간, 올리브오일 적당량

1 가지는 껍질을 벗기고, 얇게 채썰어 준비한다.
2 냄비에 화이트와인, 식초, 소금, 월계수잎, 통후추를 넣고 한 번 부르르 끓인다.
3 채 썬 가지를 **2**의 냄비에 넣고 약 1~2분 정도 익힌 다음, 가지를 건진다.
4 소독한 유리병에 슬라이스한 마늘, 페페론치니, 통후추, 민트를 넣는다.
5 **3**에서 건져놓은 가지를 유리병에 켜켜이 넣어가며 채워준다.
6 윗부분을 올리브오일로 가득 채운다.

Sott'olio olive

올리브 절임

와인 안주로도, 간식으로도 인기 만점인 올리브 절임. 기존의 올리브 절임과는 다르게 채소만으로 풍미를 돋워 만들었어요. 올리브 자체의 풍미가 살아 있는 시골풍 절임입니다.

재료 올리브 믹스(병조림) 250g, 마늘 3톨, 펜넬 씨 1ts, 타임 한 줌, 케이퍼 1TS, 당근 25g, 샐러리 1/2대, 화이트와인 비니거 200ml, 월계수 잎 1장, 페페론치노 1개, 레몬 1개, 올리브오일 적당량

1. 올리브는 체에 받쳐서 흐르는 물에 잘 씻은 다음 키친타올로 물기를 제거한다.
2. 당근과 샐러리는 얇게 채 썬다. 마늘은 편으로 썬다. 레몬은 껍질을 얇게 벗겨 채 썬다.
3. 볼에 당근, 샐러리, 마늘을 넣고, 식초를 잠길 정도만 넣어서 30분~1시간 정도 절인다.
4. 채소를 절인 볼에 월계수 잎과 펜넬 씨, 페페론치노, 레몬 껍질, 올리브를 넣고 1시간 더 절인다.
5. 체에 받쳐서 식초를 버린다.
6. 타임, 케이퍼를 넣고 잘 섞어준다.
7. 소독한 유리병에 완성된 올리브절임을 담고, 윗면을 올리브오일로 채운다.

Tip. 올리브오일은 냉장고에 넣으면 굳기 때문에, 오일이 굳는 게 싫다면 포도씨유와 1:1비율로 섞어서 만들어주세요.

Limoncello

리몬첼로

리몬첼로는 레몬 껍질과 순도 90%의 알코올을 섞어 만드는 이탈리아의 리큐르입니다. 보통 식전주로 입맛을 돋우기도 하고, 대표적인 식후(digestif) 리큐르로 소화에 도움이 된다고도 하지요. 그 외에도 다양한 요리에 활용되는 리큐르입니다. 리몬첼로는 원래 소렌토와 아말피 지역에서 나온 레몬 품종으로 만들어 그 풍미가 뛰어난데요, 순도 90%의 알코올 대신 보드카와 제주산 레몬을 이용해서 최대한 이탈리아 오리지널 리몬첼로에 가까운 레시피로 만들어봤어요.

재료	레몬 껍질 3개 분량, 보드카(알코올 40%) 250ml, 설탕 120g, 레몬즙 1개 분량, 레몬 잎(옵션)

1. 레몬 껍질은 필러로 하얀 부분이 없도록 얇게 깎아준다.
2. 소독한 유리병에 레몬 껍질과 레몬잎, 보드카를 넣고 뚜껑을 닫는다. 완전히 빛을 차단한 상태에서 5~7일 숙성한다.
3. 숙성된 액체를 체에 걸러 껍질을 제거한다.
4. 작은 볼에 설탕과 레몬즙을 넣고, 설탕이 녹을 때까지 잘 저어준다.
5. 3의 액체와 4의 설탕물을 함께 섞은 다음 잘 저어준다.
6. 소독한 병에 담고 실온에서 약 3~7일 숙성하면 완성!

채소 가득 이탈리아 가정식

1판 1쇄 발행 2022년 10월 28일
1판 3쇄 발행 2024년 12월 13일

지은이 이현승
펴낸이 김기옥

실용본부장 박재성
편집 실용2팀 이나리, 장윤선
마케터 이지수
지원 고광현, 김형식

사진 한정수(studio etc.)
푸드 스타일링 하다인(스튜디오 아늑)
스타일링 어시스트 정지원

디자인 형태와내용사이
인쇄·제본 민언프린텍

펴낸곳 한스미디어(한즈미디어(주))
주소 121-839 서울시 마포구 서교동 양화로 11길 13(서교동, 강원빌딩 5층)
전화 02-707-0337 팩스 02-707-0198 홈페이지 www.hansmedia.com
출판신고번호 제313-2003-227호 신고일자 2003년 6월 25일

ISBN 979-11-6007-829-9 13590

책값은 뒤표지에 있습니다.
잘못 만들어진 책은 구입하신 서점에서 교환해드립니다.